OBJEÇÕES

COMO SE TORNAR UM MESTRE NA ARTE

OBJEÇÕES

E NA CIÊNCIA DE SUPERAR UM **NÃO**

JEB BLOUNT

ALTA BOOKS
GRUPO EDITORIAL
Rio de Janeiro, 2019

Objeções: Como se tornar um mestre na arte e na ciência de superar um não
Copyright © 2019 da Starlin Alta Editora e Consultoria Eireli. ISBN: 978-85-508-0383-8

Translated from original Objections. Copyright © 2018 by Jeb Blount. All rights reserved. ISBN 9781119477389. This translation is published and sold by permission of John Wiley & Sons, Inc. Publishers, the owner of all rights to publish and sell the same. PORTUGUESE language edition published by Starlin Alta Editora e Consultoria Eireli, Copyright © 2019 by Starlin Alta Editora e Consultoria Eireli.

Todos os direitos estão reservados e protegidos por Lei. Nenhuma parte deste livro, sem autorização prévia por escrito da editora, poderá ser reproduzida ou transmitida. A violação dos Direitos Autorais é crime estabelecido na Lei nº 9.610/98 e com punição de acordo com o artigo 184 do Código Penal.

A editora não se responsabiliza pelo conteúdo da obra, formulada exclusivamente pelo(s) autor(es).

Marcas Registradas: Todos os termos mencionados e reconhecidos como Marca Registrada e/ou Comercial são de responsabilidade de seus proprietários. A editora informa não estar associada a nenhum produto e/ou fornecedor apresentado no livro.

Impresso no Brasil — 2019 — Edição revisada conforme o Acordo Ortográfico da Língua Portuguesa de 2009.

Publique seu livro com a Alta Books. Para mais informações envie um e-mail para autoria@altabooks.com.br

Obra disponível para venda corporativa e/ou personalizada. Para mais informações, fale com projetos@altabooks.com.br

Produção Editorial	Produtor Editorial	Marketing Editorial	Vendas Atacado e Varejo	Ouvidoria
Editora Alta Books	Juliana de Oliveira	marketing@altabooks.com.br	Daniele Fonseca	ouvidoria@altabooks.com.br
	Thiê Alves		Viviane Paiva	
Gerência Editorial		**Editor de Aquisição**	comercial@altabooks.com.br	
Anderson Vieira	**Assistente Editorial**	José Rugeri		
	Adriano Barros	j.rugeri@altabooks.com.br		

	Bianca Teodoro	Kelry Oliveira	Paulo Gomes
Equipe Editorial	Ian Verçosa	Keyciane Botelho	Thales Silva
	Illysabelle Trajano	Maria de Lourdes Borges	Thauan Gomes

Tradução	Copidesque	Revisão Gramatical	Diagramação
Guilherme Calôba	Carolina Gaio	Hellen Suzuki	Lucia Quaresma
		Fernanda Lutfi	

Erratas e arquivos de apoio: No site da editora relatamos, com a devida correção, qualquer erro encontrado em nossos livros, bem como disponibilizamos arquivos de apoio se aplicáveis à obra em questão.

Acesse o site www.altabooks.com.br e procure pelo título do livro desejado para ter acesso às erratas, aos arquivos de apoio e/ou a outros conteúdos aplicáveis à obra.

Suporte Técnico: A obra é comercializada na forma em que está, sem direito a suporte técnico ou orientação pessoal/exclusiva ao leitor. A editora não se responsabiliza pela manutenção, atualização e idioma dos sites referidos pelos autores nesta obra.

Dados Internacionais de Catalogação na Publicação (CIP) de acordo com ISBD

B658o	Blount, Jeb
	Objeções: o guia definitivo para ser um mestre na arte e na ciência de superar um não / Jeb Blount ; traduzido por Guilherme Caloba. - Rio de Janeiro : Alta Books, 2019.
	240 p. : il. ; 14cm x 21cm.
	Tradução de: Objections: the art and science of getting past no
	Inclui índice.
	ISBN: 978-85-508-0383-8
	1. Autoajuda. 2. Objeções. 3. Superação. I. Caloba, Guilherme. II. Título.
	CDD 158.1
2018-1337	CDU 159.947

Elaborado por Vagner Rodolfo da Silva - CRB-8/9410

Rua Viúva Cláudio, 291 — Bairro Industrial do Jacaré
CEP: 20970-031 — Rio de Janeiro - RJ
Tels.: (21) 3278-8069 / 3278-8419
www.altabooks.com.br — altabooks@altabooks.com.br
www.facebook.com/altabooks

Para os Titãs:
Mark Hunter, Anthony Iannarino
e Mike Weinberg

Sumário

Agradecimentos	ix
Sobre o Autor	xi
Prefácio: A Democracia das Objeções	xiii
Introdução: Não Era para Ser Este Livro	1
Capítulo 1: Pedir: A Disciplina Mais Importante em Vendas	5
Capítulo 2: Como Pedir	13
Capítulo 3: As Quatro Objeções que Você Encontra em um Negócio	23
Capítulo 4: A Ciência da Resistência	29
Capítulo 5: Objeções Não São, mas Parecem Rejeições	53
Capítulo 6: A Ciência por Trás da Ferida	61
Capítulo 7: A Maldição da Rejeição	65
Capítulo 8: À Prova de Rejeição	71
Capítulo 9: Evitar a Objeção É Estúpido	91
Capítulo 10: Objeções de Prospecção	105

Sumário

Capítulo 11: Há um Número para Se Chegar ao *Sim* — *127*

Capítulo 12: Pistas Falsas — *137*

Capítulo 13: Objeções de Microcompromissos — *155*

Capítulo 14: Objeções de Compromisso de Compra — *169*

Capítulo 15: Virando a Probabilidade de Vitória a Seu Favor — *193*

Capítulo 16: A Busca Incansável pelo *Sim* — *205*

Notas — *213*

Índice — *217*

Agradecimentos

É difícil acreditar que este é meu nono livro em apenas 11 anos. É surreal olhar para atrás e ver como esta jornada começou com um simples sonho de escrever um livro.

Hoje, meus livros são impressos por todo o mundo e publicados em muitas línguas. Eles estão em aeroportos, bibliotecas, universidades, e as empresas os oferecem regularmente a todas as suas equipes. Meus livros até foram expostos na vitrine da Barnes and Noble, da Quinta Avenida, em Nova York — o que talvez seja a coisa mais legal do mundo!

Sou tão requisitado como palestrante que passei mais de 300 noites na estrada no último ano falando com plateias ao redor do mundo. É maravilhoso que tantas organizações estejam dispostas a me pagar para falar, que as pessoas aguardem em filas para que eu assine seus livros, e que me tratem como uma celebridade e queiram tirar selfies comigo.

Às vezes, me belisco só para ter certeza de que não estou sonhando. Foi-me dada a rara oportunidade de fazer o que amo, e por isso sou muito grato. Esta jornada, no entanto, é compartilhada com muitas pessoas que investiram em mim ao longo do caminho.

Estou em dívida com meus leitores. Sem vocês, nada disso seria possível. Obrigado, obrigado e obrigado por comprarem meus livros! Sou verdadeiramente grato a vocês.

Agradecimentos

Para meus clientes, obrigado por confiarem a mim e à minha equipe seu público e suas salas de treinamento. Valorizamos vocês mais do que as palavras podem expressar.

Para minha equipe da Sales Gravy, obrigado a todos por compartilharem esta louca jornada comigo. Eu sei que na maioria dos dias parece um caos total, mas vocês sempre encontram uma forma de fazer acontecer. Vocês são fantásticos!

Para meus maravilhosos amigos da John Wiley and Sons: Shannon Vargo, Peter Knox, Kelly Martin e Deborah Schindlar. Obrigado pelo seu apoio, encorajamento e paciência infinita.

Para Anthony Iannarino, Mark Hunter e Mike Weinberg — Os Titãs —, obrigado pela amizade, apoio e inspiração. Acima de tudo, sou profundamente grato a uma pessoa que caminhou comigo por todos os passos desta jornada. Minha melhor amiga, confidente, parceira de negócios, mãe devotada e linda esposa. Carrie Martinez Blount, agradeço a Deus todos os dias por ter colocado você na minha vida. Eu te amo.

Sobre o Autor

Jeb Blount é autor de nove livros e está entre os mais respeitados pensadores do mundo em vendas, liderança e experiência de consumo. Como um especialista em aceleração de vendas, ele ajuda organizações a atingirem picos de performance *rapidamente*, otimizando talentos, alavancando treinamento para cultivar uma performance de alto desempenho, desenvolvendo liderança e competências, e implementando projetos organizacionais mais efetivos.

Jeb passa mais de 250 dias por ano na estrada todo ano, fazendo palestras e em conferências e programas de treinamento para equipes de alto desempenho e seus líderes ao redor do globo.

Por meio de sua organização global de treinamento, a Sales Gravy, Jeb aconselha muitas das empresas líderes no mundo atualmente e seus executivos acerca do impacto da inteligência emocional e das habilidades interpessoais nas atividades face a face com o cliente. Ele treina milhares de participantes em fóruns públicos e privados.

Como líder de negócios, Jeb tem mais de 25 anos de experiência com companhias Fortune 500, pequenas e médias empresas (PME) e startups. Seu site principal, SalesGravy.com, é o site específico para vendas mais visitado do mundo.

Jeb é autor de nove livros, incluindo:

Sobre o Autor

Inteligência Emocional em Vendas: Como os Supervendedores Utilizam a Inteligência Emocional para Fechar Mais Negócios (Autêntica Business, 2018)

Prospecção Fanática: Guia Definitivo para Iniciar Conversas de Vendas e Encher o Pipeline Aproveitando ao Máximo Redes Sociais, Telefone, E-mail, Texto e Chamadas Frias (Alta Books, 2019)

People Love You: The Real Secret to Delivering a Legendary Customer Experience (John Wiley & Sons, 2013)

People Follow You: The Real Secret to What Matters Most in Leadership (John Wiley & Sons, 2011)

People Buy You: The Real Secret to What Matters Most in Business (John Wiley & Sons, 2010)

Prefácio: A Democracia das Objeções

Existem poucas soluções universais em vendas. Vendas complexas são diferentes das que você fecha em uma ligação. Telefonar para fechar um negócio é diferente de vender diretamente a consumidores individuais. Vender softwares requer uma habilidade distinta da necessária para vender equipamentos de automação de escritório. A venda de imóveis tem um processo diferente dos seguros ou serviços financeiros.

Em vendas, o contexto importa. Há pouco preto e branco. Cada potencial cliente, reunião, território, empresa e produto são diferentes. Há uma exceção, no entanto — as objeções. Como profissional de vendas, você encara objeções reais e potenciais, não importa quão específica seja sua situação.

As objeções não distinguem, nem consideram:

- Quem você é.
- O que você vende.
- Onde você trabalha.
- Onde você vive.

- Se seu ciclo de vendas é longo ou curto, complexo ou transacional.
- Como vai o seu dia.
- Se você é novato ou veterano em vendas.

Existe democracia nas objeções — uma realidade compartilhada por todos os vendedores. Você terá que as superar, e precisa aprender como. Por isso o livro *Objeções*, de Jeb Blount, é um dos mais importantes dessa geração para a área de vendas. Neste livro, Jeb fala tanto da *arte* quanto da *ciência* de superar o *não*.

É o seu foco na ciência do *não* que torna este livro o mais poderoso sobre objeções em vendas. Ao implementar as estruturas de Jeb para superar o *não*, você encurtará o ciclo de vendas, fechará mais negócios e conseguirá atingir preços mais elevados.

Seguindo os passos de seus impressionantes best-sellers *Prospecção Fanática* e *Inteligência Emocional em Vendas*, este livro mudará para sempre a forma como você enxerga as objeções em vendas. *Objeções* é um guia abrangente e contemporâneo que envolve sua mente e seu coração. Jeb prende sua atenção com exemplos e histórias, enquanto ensina sobre estruturas específicas de influência para virar do avesso quatro tipos de objeções que você encara no processo de vendas.

Ao mesmo tempo, ele não enrola e, no seu estilo direto, expõe a verdade nua e crua sobre o que está impedindo que você tenha o sucesso e a renda que merece.

As vendas mudaram muito nos últimos 20 anos, embora vendedores novatos e experientes continuem a ensinar estratégias que falham completamente com compradores modernos, que são espertos o suficiente para saber que estão sendo manipulados. Eu assisti a centenas de vendedores se queimarem usando essas técnicas vulgares enquanto tentavam intimidar ou enganar os compradores, em vez de responder a suas demandas.

O comprador de hoje em dia é mais sofisticado e informado. Em *Objeções,* você aprenderá uma nova psicologia para superar o *não*. Em vez de utilizar os mesmos roteiros tediosos, batidos e antiquados, você aprenderá estruturas contextuais e estratégias para responder às objeções no mundo real.

Desde o primeiro capítulo até o último, você desenvolverá novas ideias que o ajudarão a superar as objeções. Você se verá em tudo o que Jeb escreveu. Por vezes, sentirá que ele está escrevendo sobre você!

Esse é o poder dos livros de Jeb. Ele é um especialista em vendas que vive no mundo real. Um praticante que levanta todos os dias e vende, assim como você. Quando não está em treinamento, você o encontra em sua empresa, Sales Gravy, nas trincheiras com a sua equipe, prospectando, fazendo ligações de vendas e, como você, encarando e superando objeções.

— **Mark Hunter**, autor de *High-Profit Prospecting*

Introdução: Não Era para Ser Este Livro

Escrever livros é o mais próximo que os homens podem chegar de dar à luz.

— Norman Mailer

Eu não planejava escrever este livro. Não estava entre minhas prioridades. Francamente, nunca cheguei a considerar escrever um livro sobre objeções, porque parecia um assunto um tanto quanto limitado.

A objeção é geralmente um coadjuvante, nunca a estrela do show. Comumente, há um capítulo sobre objeções enfiado no final de muitos livros sobre vendas. E os treinamentos de vendas oferecem um módulo ou dois sobre objeções quase como uma reflexão posterior.

Eu estava no meio de um livro sobre um assunto muito mais importante — técnicas de negociação específicas para vendas. Até que encontrei Adam Vogel, o diretor de vendas internas dos New York Mets. Adam e a organização de vendas dos Mets haviam se apaixonado pelo meu livro *Prospecção Fanática*, e me convidaram para ir a Nova York inspirar seus pupilos, verdadeiras armas de vendas, a *fazer mais uma ligação*.

Introdução

Profissionais de vendas jovens, inteligentes e bem-vestidos se reuniram no auditório do Citi Field para o que minha equipe da Sales Gravy chama de "Jeb Acústico". É uma sessão na qual profissionais e líderes de vendas lançam-me questões e desafios, e eu respondo a qualquer coisa. Sem script, sem slides e sem preparação.

Eu gosto das sessões acústicas. São minha forma favorita de ensinar. Por três horas, eles me atingiram com questões duras. Quando tudo terminou, eles me deixaram assistir a um jogo (sou fã de beisebol e não peço desculpas por isso).

Durante o jogo, fiquei remoendo as questões que eles perguntaram. Havia um padrão, e eu não conseguia decifrar. Mas, quando estava saindo do estádio aquela noite, eu percebi. Quase todas as questões lançadas a mim naquela tarde tratavam de como lidar com objeções — o que dizer e como responder. Quando pensei nisso, a maioria das perguntas para o pessoal de vendas, de todos os lugares e posições, era, de uma forma ou de outra, sobre objeções. Eu só não estava prestando atenção.

A súbita revelação me atingiu como um raio — um desses momentos *aha!* que energizam você. Na manhã seguinte acordei às 5h, olhando para o relógio e esperando chegar às 8h para ligar para Shannon Vargo na editora John Wiley and Sons. Eu estava tão animado com este livro que não dormi a noite inteira.

Eu percebo, enquanto escrevo estas linhas, que não sei exatamente o cargo de Shannon; basta dizer que ela é uma maioral na Wiley, que toma decisões sobre o que será ou não publicado. E ela é legal, porque atende às minhas ligações.

Quando ela atendeu ao telefone, lancei minha ideia para este livro até perder o fôlego, e expliquei por que deveríamos deixar o outro para mais tarde, embora já estivesse na agenda de publicação. Estava falando tão rápido que tinha certeza de que soava como um esquilo drogado.

Quanto terminei, houve um silêncio do outro lado da linha. Preparei-me para a objeção, mas ela disse *sim*. Ela adorou a ideia!

Após um breve segundo de euforia e de comemorar dando um soco no ar, entrei em pânico. Tenho transtorno de hábitos e impulsos. Na minha exuberância pela ideia, não considerei que, para substituir o livro que já vinha fazendo, teria apenas quatro meses para escrever *Objeções*.

A dor valeu a pena. Minha exuberância por *Objeções* não minguou. Eu me apaixonei por este livro porque ele finalmente conta a história real das objeções, de onde elas vêm, e como e por que você responde às objeções da forma que faz.

Esta é a visão mais completa já escrita sobre objeções em vendas. É diferente de qualquer livro que já tenha sido escrito sobre objeções em vendas. Em vez de tratar as objeções como uma pequena peça de um grande quebra-cabeça, a objeção finalmente é a estrela do show. Espero que você ame este livro tanto quanto eu.

1 | Pedir: A Disciplina Mais Importante em Vendas

Busque o não.

— Andrea Waltz

Richard deixou 71 mensagens de voz pedindo uma reunião. Enviou 18 e-mails, me perseguiu no LinkedIn.

Ele conseguiu que eu atendesse ao telefone pelo menos três vezes, mas o dispensei em cada uma delas. Ele também ligou, escreveu e adicionou nas redes sociais cada uma das partes interessadas da minha organização.

Durante cinco meses, Richard pediu, e pediu, e pediu uma oportunidade de demonstrar sua solução de software. E, por cinco meses, ele não chegou a lugar algum — até que finalmente me pegou no momento certo. Foi em maio, cinco meses depois de sua primeira tentativa de marcar um encontro.

Objeções

Quando atendi ao telefone, reconheci sua voz. Quase o dispensei novamente; mas, como eu não tinha mais nada agendado e ele tinha sido tão persistente, senti uma obrigação tácita de lhe dar uma chance.

Richard não perdeu tempo em me fazer concordar com uma demonstração. Sua solução de software como serviço (SaaS, na sigla em inglês) era impressionante, e resolvia um dos nossos problemas de entrega de treinamento. Fui sincero sobre o quanto gostei do que ele havia me mostrado. Menos de uma hora depois, ele pediu que eu me comprometesse com a compra.

Sem pensar, lancei uma objeção:

"Richard, parece um ótimo programa, e eu gostei. Mas vou precisar discutir com a minha equipe antes de me comprometer com alguma coisa. Sei que alguns deles já defenderam sua plataforma, mas minha agenda está lotada, e colocar todo mundo a par será uma distração em curto prazo. Quero ter certeza de que estamos todos alinhados antes de fazer este investimento, porque não quero comprar outro programa de software que todo mundo está animado para usar, mas ninguém o faz."

Richard respondeu, entendendo minha situação e esclarecendo minha preocupação:

"Jeb, parece que você já se deu mal com várias assinaturas de SaaS que não foram usadas. Eu entendo! Parece que você está jogando dinheiro pelo ralo."

"Se entendi corretamente, parece que suas preocupações principais são: a) será uma distração treinar todo mundo e b) se não atualizarmos todo mundo rápido, eles não usarão o sistema, e será um investimento à toa."

"Eu entendi corretamente?"

Concordei que essas eram minhas principais preocupações. Me senti bem, porque ele realmente parecia entender minha questão.

"Além dessas duas questões, com o que mais temos que lidar?"

Eu respondi que nenhuma outra questão me preocupava. Então, ele *minimizou* minha preocupação:

"A melhor forma de sua equipe experimentar o poder da nossa plataforma é usando-a. E se eu tirasse o peso das suas costas e assumisse a responsabilidade total por treinar sua equipe e me assegurar de que eles estão usando o software?"

"Com a sua bênção, agendarei uma ligação de treinamento com seus treinadores e coaches para lhes mostrar como usar a plataforma. Em seguida, vou monitorar seu uso e lhe reportar a cada semana, até termos integrado o uso na rotina deles. Dessa forma, ele não tomará qualquer tempo de sua atribulada agenda, e você terá paz de espírito sabendo que seu dinheiro está sendo bem gasto."

"Como esse é um compromisso de longo prazo e você pode desistir a qualquer momento, se sua equipe não usar o software, podemos apertar as mãos e cada um irá para o seu lado. Não há muito para perder aqui, mas muito a ganhar, então por que não configuramos sua conta e você me deixa facilitar isso para você?"

Antes que me desse conta, ele já tinha o número do meu cartão corporativo AMEX, e a Sales Gravy era seu mais novo cliente.

A Disciplina de Pedir

Pedir é a disciplina mais importante em vendas. Você deve pedir o que quer, direta, presuntiva, assertiva e repetidamente. Pedir é a chave que destrava:

- Informação qualificada.
- Compromissos.
- Demonstrações.
- Nivelamento com os tomadores de decisão ou com os influenciadores.
- Informações e dados para construir seu caso de negócios.
- Próximos passos.
- Microcompromissos.

- Compromissos de compra.

Em vendas, pedir é tudo. Se você não consegue pedir, acaba carregando uma caixa cheia de coisas da sua mesa para o seu carro, a caminho da fila do seguro-desemprego. Sua renda sofre. Sua carreira sofre. Sua família sofre. Você sofre.

Quando erra no pedido, você fracassa.

Essa é a verdade, e essa verdade não mudará. Mas como minha fala favorita do filme *A Grande Aposta* diz: "A verdade é que nem poesia. E a maioria das pessoas odeia poesia."

Você Não Está Conseguindo o que Quer Porque Não Está Pedindo o que Quer

Se você tem dificuldades em conseguir o próximo compromisso, chegar aos tomadores de decisão, conseguir informações de partes interessadas, nivelar-se com o grau mais alto da organização ou fechar o negócio, não é porque você não tem habilidades para prospectar ou fechar o negócio, as palavras certas ou as táticas para superar as objeções inevitáveis.

Não, você não está conseguindo o que quer porque não está pedindo o que quer. Por quê? Nove em cada dez vezes, você age de forma insegura e passiva, porque tem medo de ouvir a palavra *não*.

Nesse estado, pedir de forma confiante e presuntiva é substituído por desejar, esperar e querer. Você hesita e usa palavras fracas e passivas. Seu tom de voz e linguagem corporal irradiam insegurança e desespero. Você espera que seu prospecto faça o trabalho por você e marque o encontro, defina o próximo passo ou feche o negócio por conta própria.

Mas eles não fazem isso.

Pelo contrário, eles resistem e retardam com objeções. Eles o desencorajam, o dispensam, fazem com que você perca o interesse e, certas vezes, passam por cima de você. Seu comportamento passivo, inseguro e temeroso só serve para gerar mais resistência e rejeição.

Em vendas, a passividade não funciona. A insegurança não dá certo. Desejar e esperar não é uma estratégia viável.

Só pedir de forma direta, confiante e presuntiva faz você conseguir o que quer.

Conjurando o Mais Profundo e Sombrio Medo Humano

Pedir com confiança é uma das coisas mais difíceis para o ser humano fazer. O pedido presuntivo requer que você se exponha e assuma um risco emocional, sem garantias. Quando pede com confiança, você se torna instantaneamente vulnerável, sem lugar para correr. A vulnerabilidade, de acordo com a Dra. Brene Brown, autora de *Power of Vulnerability*, é criada na presença de incerteza, risco e exposição emocional. Essa vulnerabilidade conjura o mais profundo e sombrio dos medos humanos: a *rejeição*.

No caminho do seu *pedido*, tudo no seu corpo e mente grita para você *parar*, conforme a antecipação da rejeição cria esse sentido profundo de vulnerabilidade. A rejeição é um desmotivador doloroso e a gênese do medo enraizado.

O medo e o evitamento da dor emocional causada pela rejeição são o motivo pelo qual a maioria das pessoas busca a saída mais fácil. São a principal razão pela qual profissionais de vendas não conseguem alcançar seu verdadeiro potencial e renda. O medo da rejeição é a emoção mais traiçoeira e disruptiva para o profissional de vendas.

Não Há uma Bala Mágica Matadora de Objeções

Desde que os vendedores têm pedido aos compradores para assumir compromissos, estes têm emitido objeções; e, desde que os compradores vêm dizendo não, o profissional de vendas anseia pelos segredos para superar o *não*.

Objeções

Vendedores são obcecados por atalhos e balas mágicas que milagrosamente produzirão o *sim* sem o risco da rejeição. Eis por que muitas das questões a que respondo sobre como lidar com objeções começam com: "Qual é o truque para...", "Pode me dizer o segredo para..." ou "Quais palavras devo usar para fazer eles responderem *sim*?".

Os vendedores buscam técnicas para evitar o *não* da mesma forma que os jogadores de golfe perseguem o putt perfeito. E há uma fila incessante de pseudoexperts, gurus e curandeiros de inteligência artificial que apelam para as inseguranças profundas dos vendedores vulneráveis com afirmações falsas e perigosas de que têm o segredo para o mistério eternamente presente de como eliminar a rejeição.

Vamos entender isso do início: esses charlatões, a maioria dos quais não conseguiria fazer uma venda mais elementar, estão completamente errados.

- Não há putt perfeito que reduzirá o seu número de tacadas para 20 da noite para o dia.
- Não há um botão mágico que feche o negócio todas as vezes.
- Não existe pó de fada que remova a picada da rejeição.
- Não há palavras como a bala mágica, que matem objeções e submetam os clientes potenciais à sua vontade.
- Não há roteiros perfeitos que transformem o *não* em *sim*, em todas as oportunidades.
- A inteligência artificial e os programas de software não fecharão o negócio para você.
- Não há unicórnios.

Eis duas verdades inegáveis e brutais (e já sabemos como as pessoas se sentem sobre a verdade):

1. A *única* forma de eliminar a rejeição é *nunca pedir nada para ninguém. Nunca!*
2. Para ter sucesso em vendas, você precisa deixar os amuletos de lado e criar coragem.

Tudo em vendas começa com e depende da disciplina de *pedir*.

> **Nota do Autor**
>
> Ao longo do livro, uso os termos "parte interessada", "cliente em potencial", "potencial cliente", "tomador de decisão" e "comprador" de forma alternada para descrever as várias pessoas que você encontra durante o processo de vendas. Essas são as pessoas que fazem objeções de vendas. Resolvi fazer desse jeito por várias razões. Primeiro, torna a escrita mais fácil de se digerir — torna-se chato e repetitivo usar os mesmos termos descritivos toda vez. Em segundo lugar, os profissionais e as organizações de vendas não usam, todos, os mesmos termos. Por fim, quero pontuar que as objeções não vêm sempre do tomador de decisão.

2 | Como Pedir

Pedir é o primeiro passo para receber.

— Jim Rohn

Começando com a prospecção, enquanto sua negociação passa pelo processo de vendas, e continuando por todo o caminho até a fechar, você deve estar constantemente pedindo aquilo que quer. Para reduzir a resistência e obter o que quer, você deve pedir de forma confiante, concisa e assertiva, sem hesitação.

Há três segredos para pedir (veja a Figura 2.1):

1. Peça com confiança e assuma que conseguirá o que quer.
2. Cale a boca!
3. Esteja preparado para lidar com as objeções.

Figura 2.1   Os três segredos para pedir.

Contágio Emocional: As Pessoas Respondem na Mesma Moeda

Rastreamos milhares de interações de vendas em um grupo diverso de setores. Quando os vendedores demonstram confiança e pedem assertivamente o que querem — reuniões, próximos passos e compromissos de compra —, os prospectos dizem sim de 50% a 70% das vezes. Por outro lado, pedidos não assertivos, inseguros, do tipo "não quero parecer muito insistente", têm uma taxa de sucesso de 10% a 30%.

Jeffrey Gitomer, autor de *O Livro Vermelho de Vendas*, diz que: "A posição presuntiva é a estratégia de venda mais poderosa do mundo." Quando você alia uma demanda assertiva com excelência ao longo do processo de vendas, a probabilidade de obter um *sim* sobe ainda mais.

Você deve chegar ao ponto direta, rápida e concisamente. Pedir diretamente o que você quer torna mais fácil para o seu prospecto dizer *sim*. Quando está confiante com seu pedido e assume que terá o que quer, as partes interessadas respondem na mesma moeda e lhe atendem.

Quando você soa e aparenta estar assustado, ou quando transmite insegurança, transfere esse medo para seu prospecto e cria resistência onde não havia. Em um estranho paradoxo, uma abordagem mais passiva, preocupada em ser insistente demais, desmotiva seus possíveis compradores, fazendo com que se tornem ainda mais resistentes a seus pedidos e gerando objeções.

Uma das verdades sobre o comportamento humano é que as pessoas tendem a responder na mesma moeda. "As pessoas são extremamente boas em sacar as emoções — negativas e positivas — das outras inconscientemente", diz Shirley Wang em seu artigo "Comportamento Contagioso".[1]

O *contágio emocional* é, antes de tudo, uma resposta automática do subconsciente, que faz com que os seres humanos espelhem ou repitam os comportamentos e emoções dos que estão próximos. Ele torna muito fácil sentir o que os outros estão sentindo e transferir emoções para outras pessoas. Saber como obter vantagem do contágio emocional é uma habilidade poderosa para influenciar o comportamento humano.

Quando você está relaxado, confiante e presuntivo, transfere essas emoções para os contatos, reduzindo a resistência e as objeções. Assim, você tem mais vitórias, que fazem sua confiança crescer.

O Pedido Presuntivo

Presumir, quando pede, que você conseguirá o que quer é adotar uma filosofia de expectativa positiva. Essa filosofia se manifesta em uma linguagem corporal expansiva, inflexão e tom de voz, e nas palavras que escolhe. Seu sistema de crenças e a conversa consigo mesmo são a base do pedido presuntivo. Quando você diz a si próprio que ganhará e continua a dizer, isso reforça sua confiança e expectativa de sucesso.

Os vendedores de desempenho ultraelevado acreditam que vão e que devem ganhar. Eles irradiam confiança, e essa confiança se transfere para os compradores em potencial, compelindo-os a concordar com os pedidos.

Eu passei grande parte da minha vida entre cavalos. Eles possuem a habilidade inata de perceber hesitação e medo. Eles testam novos cavaleiros e se aproveitam deles no momento em que percebem que a pessoa está com medo ou que lhe falta confiança. Os cavalos possuem dez vezes o peso e tamanho de uma pessoa mediana. Se o cavalo não acreditar que você está no comando, ele pode e vai derrubá-lo.

Objeções

As partes interessadas não são diferentes. Suas emoções influenciam as emoções delas. Se elas percebem medo, fraqueza, modo defensivo ou falta de confiança, vão se fechar ou passar por cima de você. Por essa razão, quando pessoas ou cavalos o desafiam, não importa que emoções sinta, você deve responder com um comportamento não complementar — um comportamento que se oponha e interrompa a agressão.

Quando você pede o que quer, a confiança e o entusiasmo são as duas mensagens não verbais mais persuasivas. Quando lhe falta confiança em si próprio, os outros tendem a ter menos confiança em você.

Você precisa desenvolver e praticar técnicas para construir e demonstrar confiança descontraída e entusiasmo intencional, mesmo quando você sentir exatamente o oposto. Mesmo se precisar fingir, porque está tremendo por dentro, você deve aparentar relaxado, preparado e confiante.

Isso começa com o gerenciamento de sua comunicação não verbal para controlar o que o outro vê e ouve de forma consciente, e percebe inconscientemente (veja a Tabela 2.1), incluindo:

- Tom, inflexão, altura e velocidade da fala.
- Linguagem corporal e expressões faciais.
- A forma como se veste e sua aparência. Uma imagem vale mais que mil palavras, e estar bem-vestido envia uma mensagem poderosa, interna e externamente. É por isso que mesmo os vendedores que trabalham em escritório devem se vestir de forma que transmita confiança.

As pessoas também avaliam subconscientemente o significado de suas palavras, tom de voz e linguagem corporal. Mensagens confiantes aumentam a probabilidade de obter um *sim*. Seja no telefone, pessoalmente, via e-mail ou mídia social, as palavras que você usa e como as estrutura mandam, em alto e bom som, uma mensagem de que você presume que ouvirá um *sim* ou um *não* (veja a Tabela 2.2).

Deixar para trás as emoções que rompem a confiança está entre os maiores desafios dos profissionais de vendas. É normal se sentir intimidado quando você encontra executivos do topo da linha, ter sua confiança reduzida depois de experimentar uma perda ou fracasso, ou se desesperar com o final do trimestre, quando há riscos de não bater sua meta.

Tabela 2.1   Comunicação Não Verbal

Demonstra Falta de Confiança, Insegurança e Medo	Demonstra uma Postura Relaxada e Confiante
Falar em tom agudo.	Falar com inflexão normal e tom mais grave.
Falar rápido (quando você fala muito rápido, parece não confiável).	Falar em um ritmo relaxado, com pausas adequadas.
Tom de voz tenso ou defensivo.	Tom amigável — tranquilidade na voz e sorriso no rosto.
Falar muito alto ou muito suave.	Modulação de voz apropriada para a ênfase emocional nas palavras e frases certas.
Tom de voz frágil ou nervoso, com muitas interjeições, "hm", "ah" e pausas constrangedoras.	Tom direto, intencional e com ritmo adequado, que vai direto ao ponto.
Falta de contato visual — desviar o olhar. (Nada diz mais "Não sou confiável" e "Não sou confiante" como pouco contato visual.)	Contato visual direto e apropriado.
Mãos nos bolsos.	Mãos ao lado do corpo ou na sua frente enquanto fala. (Pode ser desconfortável, mas faz você parecer poderoso e confiante.)
Gesticular ou movimentar as mãos descontroladamente.	Gesticular de maneira calma e controlada.

Tabela 2.1   (*Continuação*)

Demonstra Falta de Confiança, Insegurança e Medo	Demonstra uma Postura Relaxada e Confiante
Tocar seu rosto, nariz ou colocar os dedos na boca — um sinal claro de que está nervoso ou inseguro.	Mãos em posição de poder — ao lado do corpo ou na sua frente, de forma controlada e não intimidante.
Curvado, cabeça baixa, braços cruzados.	Postura altiva, queixo para o alto, ombros retos e para trás. (Essa postura também fará você se sentir mais confiante.)
Balançar para frente e para trás ou para os lados.	Ficar parado em uma postura natural de poder.
Postura rígida, corpo tenso.	Postura natural e relaxada.
Mandíbula contraída, olhar tenso no rosto.	Sorriso relaxado. (O sorriso é um sinal não verbal universal que diz: "Sou amigável e confiável.")
Aperto de mão fraco, frouxo e com a palma suada.	Aperto de mão firme e confiante, junto com o contato visual.

Tabela 2.2   Conteúdo da Mensagem

Fechado, Passivo e Fraco	Presuntivo e Confiante
"Estou só fazendo contato."	"A razão da ligação é..."
"Eu estava pensando (esperando) se..."	"Me diga quem/como/quando/onde/o quê..."
"Eu só queria falar com você para ver..."	"O propósito da minha ligação é..."

Tabela 2.2   (*Continuação*)

Fechado, Passivo e Fraco	Aberto e Confiante
"Tenho o dia inteiro livre."	"Estou superocupado com novos clientes, mas tenho uma folga às 11h."
"O que acha?"	"Por que não vamos em frente e marcamos a primeira entrega para a próxima segunda?"
"Qual é a melhor hora para você?"	"Vou visitar um cliente não muito longe do seu escritório na segunda. Posso buscá-lo para almoçar."
"Eu meio que, tipo, estava pensando se, quem sabe, você tivesse um tempo para responder a umas questões, se estiver tudo bem..."	"Muitos dos meus clientes têm me relatado problemas com XYZ. Qual é o seu maior desafio?"
"Seria uma boa hora para você?"	"Que tal nos encontrarmos de novo na próxima quinta, às 14h?"
"Eu queria saber..."	"Quem mais precisamos incluir?"
"O que acha até o momento?"	"Com base em tudo o que você me disse sobre sua situação atual, acho que faz sentido irmos em frente e fazermos uma demonstração na próxima quarta. Quem de sua equipe devemos convidar?"
"O que você acha?"	"Preciso apenas de sua assinatura no contrato para começar o processo de implementação."

Tabela 2.2 (*Continuação*)

Fechado, Passivo e Fraco	Aberto e Confiante
"Quantos assentos você estava considerando?"	"Recomendo começar com nosso pacote de 20 assentos. Preciso apenas dos endereços de e-mail de cada pessoa de sua equipe para preparar tudo."

Mesmo nessas, e em outras situações emocionalmente desgastantes, você deve se disciplinar para se manter consciente de suas emoções e de como essas emoções afetam os outros. Autoconhecimento e autocontrole são como músculos. Quanto mais você os exercita, mais fortes ficam.

Cale a Boca

A parte mais difícil de pedir é aprender quando o fazer e quando calar a boca. Quando já pediu o que quer, você se arriscou e ficou vulnerável à rejeição. O que acontece quando fica vulnerável? Você tenta se proteger.

No momento constrangedor após a pergunta, sua cabeça começa a rodar, à medida que a rejeição pisca ante seus olhos. O meio segundo de silêncio é insuportável. Parece uma eternidade. Nesse momento de fraqueza, você começa a falar, e falar, e falar — seu cérebro é levado a acreditar que, enquanto você estiver falando, seu cliente potencial não o rejeitará.

Você cria objeções que nem apareceram, introduz outras que não existiam antes, fica se explicando exageradamente, oferece uma saída a seu cliente e desanda a falar sobre funcionalidade e benefícios; termos e condições; seus hobbies, seu cachorro ou o que almoçou.

Até o cliente potencial, que estava pronto para dizer sim, é convencido a dizer *não* — por *você*. Sua insegurança afastou o comprador.

Depois de pedir, você deve *calar a boca*! Apesar dos alarmes disparando em sua cabeça encharcada de adrenalina, apesar do coração batendo rápido, palmas suadas e medo, você deve morder sua língua, segurar as mãos, colocar o telefone no mudo, calar a boca e deixar o cliente responder.

Esteja Preparado para as Objeções

A coisa fica séria quando sua habilidade de lidar e contornar objeções entra em jogo. É quando você realmente ganha dinheiro.

Quando você pedir, haverá objeções. É um fato concreto, e seu cérebro sabe disso. É por isso que você antecipa e se prepara para a rejeição. É a razão pela qual os poucos segundos de silêncio entre o pedido e a resposta do cliente parecem intermináveis.

Quando está preparado para lidar com qualquer objeção que possa vir, no entanto, você ganha a confiança e a coragem de esperar seu comprador responder. Meu objetivo com este livro é prepará-lo para gerenciar de forma eficaz os *quatro tipos de objeções* que você enfrentará ao longo do processo de vendas.

Nesta jornada, você aprenderá:
1. De onde vem seu medo da rejeição e por que é tão difícil controlá-lo.
2. Como dominar suas emoções disruptivas e se tornar à prova de rejeição.
3. De onde as objeções vêm e por que os compradores resistem.
4. Os segredos para diminuir a resistência dos potenciais clientes e reduzir a probabilidade de receber uma objeção.
5. Os quatro tipos de objeções em vendas e quando eles acontecem.
6. Estruturas de reversão para contornar cada tipo de objeção.
7. Como ampliar a probabilidade de vitória e colocar as chances de obter um *sim* a seu favor.

Objeções

O que você não encontrará aqui são técnicas antiquadas do último século — esquemas para vender gato por lebre, bajulações, roteiros batidos ou técnicas de fechamento forçado que fazem você se sentir um enganador, destroem relacionamentos e servem apenas para aumentar a resistência do seu comprador.

Do contrário, você aprenderá uma nova psicologia para virar o jogo das objeções, um grupo de estruturas que se adéquam a praticamente qualquer situação de vendas, e técnicas comprovadas que funcionam com os compradores mais informados, controlados e céticos de hoje em dia.

3 | As Quatro Objeções que Você Encontra em um Negócio

Nada nunca será tentado se todas as objeções possíveis precisarem ser superadas primeiro.
— Samuel Johnson

Ao ouvir a frase *objeções de vendas*, geralmente visualizamos um vendedor, em um cenário de fechamento, pedindo para concluir a venda. O comprador, do outro lado da mesa ou da linha, entoa uma ladainha de objeções, e o vendedor deve rebatê-las para fechar o negócio.

Essa é, por sinal, a forma como a maior parte dos treinamentos em vendas é administrada. As objeções são tratadas como se só ocorressem no fechamento.

No entanto, não é tão simples assim. Como o processo de vendas tem múltiplas etapas, e você precisa fazer múltiplas solicitações para avançar em seus negócios ao longo do processo, as objeções surgem em múltiplas formas e em diferentes pontos ao longo desse caminho.

Objeções

Encarar esses bloqueios e passar por eles, a cada ponto da jornada do processo de vendas, é a chave para cruzar a porta, encurtar o ciclo de vendas, aumentar a velocidade do pipeline de vendas, evitar negócios empacados e, claro, fechar o negócio.

Tipos de Objeções

Há essencialmente quatro tipos de objeções que você encontra no processo de vendas (veja a Figura 3.1). Elas vão de simples respostas por reflexo em ligações de prospecção de clientes; passando por pistas falsas em reuniões iniciais que levam você a perder o controle da conversa; seguindo para rejeições de solicitações de microcompromissos e de continuidade do negócio em seus próximos passos, que paralisam o pipeline de vendas e, finalmente, objeções de compromissos de compra que detonam seu negócio.

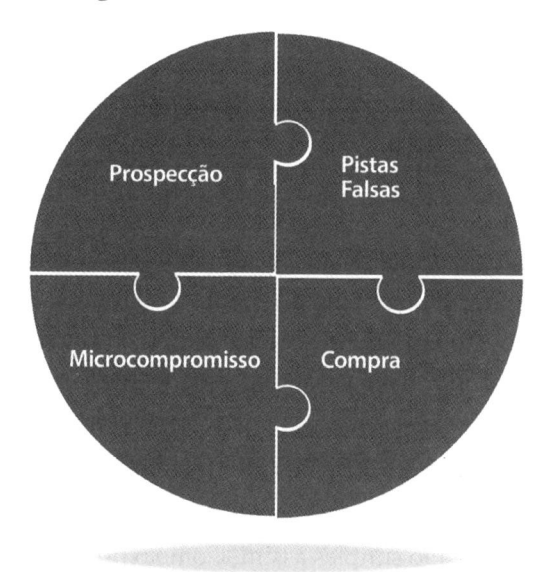

Figura 3.1 Tipos de Objeções

À medida que percorre este livro, você aprenderá técnicas e estruturas de reversão para superar efetivamente cada um dos *quatro tipos de objeções*.

Objeções de Prospecção

Pedir tempo é o mais difícil em vendas. As pessoas estão loucamente ocupadas e veem pouco valor em gastar tempo com vendedores. Através de uma combinação de respostas por reflexo, rejeições e objeções (RROs), elas fazem o máximo para se livrar de você. Objeções de prospecção são as mais frequentes e temidas, ocorrem em grande velocidade e podem ser especialmente cruéis.

Pistas Falsas

Uma *pista falsa* é um tópico, ou questão, irrelevante, que é introduzido na conversa pela parte interessada e tira a atenção da pauta principal. Pode ser intencional ou não (em geral, é este o caso). O comprador potencial, no início da conversa, emite uma pista falsa — às vezes, para desafiá-lo, porque não sabe mais o que falar, porque é seu padrão de comportamento e, às vezes, porque tem uma preocupação válida.

Os vendedores perseguem pistas falsas com o mesmo afinco que um peixe caça uma isca brilhante — com resultados similarmente ruins. Se você tratar delas com descaso, as pistas falsas vão distraí-lo, tirá-lo da pauta e fazer com que perca o controle da conversa de vendas.

Objeções de Microcompromisso

Ao longo do processo de vendas, você pedirá aos clientes próximos passos e microcompromissos. Esses pequenos passos e ações fazem com que seus negócios continuem se deslocando pelo pipeline. De forma similar, eles testam a voracidade do compromisso de seu cliente em potencial.

Pedir e obter microcompromissos, e consistentemente chegar ao próximo passo, acelera a velocidade do pipeline. Negócios com ímpeto para prosseguir têm uma probabilidade maior de dar certo e menor de empacar.

Você nunca deve terminar a conversa com um cliente sem um próximo passo substancial. Mas as pessoas com quem está lidando não veem valor em gastar mais tempo com você, então começam a dispensá-lo para você ir embora.

Objeções de microcompromisso raramente são severas ou geram rejeições. Próximos passos e microcompromissos em geral são ações de baixo risco para seus clientes. Por essa razão, a chave para superar essas objeções é mostrar postura e confiança, e ajudar seu cliente a ver o valor em gastar mais tempo com você.

Objeções de Compromisso de Compra

Quando você pedir para as pessoas tomarem decisões de compra — assinar contratos, passar o número do cartão de crédito, emitir ordens de compra, trocar de fornecedor e aceitar sua proposta — terá objeções.

Você lidará com objeções de preço e orçamento, timing, *status quo*, do tipo "preciso discutir com meu chefe ou comitê", cônjuge, autoridade de compra, competição, "preciso pensar um pouco mais", necessidade e adequação, termos e condições, entre outras.

Contornar objeções de compromisso de compra é em geral o momento da verdade, que determina se você fechará ou não o negócio.

Estruturas para Reverter Objeções

"O que digo quando falarem que estão felizes com o fornecedor atual?"

"Como respondo quando dizem que meu preço é muito alto?"

"O que dizer quando eles querem pensar mais?"

"Como respondo se eles perguntarem...?"

Todos queremos que aquelas palavras mágicas saiam de nossas bocas como açúcar, e que nossos clientes falem "uau!" e digam sim. Fantasiamos em segredo ter as frases perfeitas que contornam qualquer objeção.

Eis a notícia ruim. Se você está procurando um livro que lhe diga exatamente o que falar, devolva este livro agora. Não vou fazer isso, porque este não é um livro de roteiros.

Posso produzir alguns diálogos para contextualizar, e darei alguns exemplos palavra a palavra, mas não vou dar-lhe roteiros para cada objeção possível. Nem os exemplos genéricos descritos aqui servirão a qualquer setor, produto ou base de clientes.

Embora todos os vendedores tenham que encarar objeções, os tipos, timing, contexto, competência do vendedor, papel do cliente, complexidade do processo de vendas, produtos e serviços, e a escala de riscos são todos diferentes. Dar a você um roteiro definitivo para cada situação potencial exigiria um manuscrito épico e, infelizmente, eu estaria errado na maior parte do tempo.

Claro, há artigos online e livros no mercado que afirmam ter as 25, 32 ou 50 formas de superar as objeções de vendas. Alguns afirmam ensinar a você exatamente o que dizer em qualquer situação. Você pode encontrar algo valioso nestes livros, mas eles são, em sua maior parte, baboseira ultrapassada e trivial, e um desperdício de seu dinheiro.

Certamente, em situações altamente transacionais, em que se fecha o negócio em uma ligação só (e especialmente quando o giro dos representantes de venda é alto), ter um conjunto de roteiros de reversão decorados para as objeções de compromisso de compra mais comuns é interessante; mas, mesmo nesses casos, os roteiros devem ser customizados para o produto, setor e base de clientes para serem efetivos.

Similarmente, conforme você aprende com as objeções de prospecção, ter um conjunto de respostas preparado e memorizado para as mais comuns é importante. Mas *você* ainda deve criar esses roteiros baseados em sua situação individual.

Assim, em vez de fornecer roteiros genéricos, vamos focar na *estrutura para reverter objeções*. Estruturas o tornam ágil. Fornecem um caminho adaptável ao contexto volátil. Essas estruturas para reverter objeções são projetadas tanto para gerenciar suas emoções disruptivas quanto para atrair seu cliente para que seja mais fácil ele lhe dizer SIM.

Nos próximos capítulos, vamos focar a ciência por trás do medo da rejeição, como suas emoções disruptivas o perturbam quando você encara objeções, e as táticas e estratégias para se tornar *à prova de rejeição*.

Você, no entanto, é apenas um lado da equação. Os mesmos condutores biológicos, psicológicos e neurofisiológicos que o tornam irascível em situações carregadas de emoções também o fazem com seu potencial cliente.

Assim, vamos primeiro olhar a ciência por trás de por que as pessoas resistem e levantam tantas objeções. Entender a gênese das objeções vai ajudá-lo a gerenciar melhor suas emoções e a desenvolver mensagens poderosas, que o farão contornar habilmente o *não*.

4 | A Ciência da Resistência

Em vendas, não é aquilo que você diz; é como os outros percebem aquilo que você diz.

— Jeffrey Gitomer

Você chegou ao final do processo de vendas. Após semanas de pesquisas, reuniões, descobertas, demonstrações e de vencer uma série de microcompromissos, você fez uma apresentação majestosa e passou todos os pontos da proposta com o cliente. Ele concorda com suas recomendações, e parece que tudo dará certo.

Sentindo que o momento é adequado, você pede com confiança para fechar o negócio.

Após um minuto de silêncio, ele olha para sua mesa e diz: "Vamos ter que pensar um pouco mais antes de assumir qualquer compromisso em longo prazo."

PQP! Você pensa o que gostaria de dizer em voz alta:

Estamos discutindo este projeto por três meses. Tivemos várias reuniões, três demonstrações, um piloto e uma dúzia de telefonemas. Você diz a si mesmo

Objeções

que o tempo está passando para esta implementação e que você não pode mais esperar! Em que M#&-$% ainda falta pensar?

O que você tem que fazer para esse cara agir? Você se imagina pulando por cima da mesa, pegando ele pelo colarinho e gritando: *"Assine a porcaria do contrato, seu tolo!"*

Esse é o tipo de coisa que frustra e, francamente, irrita muito os vendedores: objeções passivas e vagas que não fazem qualquer sentido; clientes em potencial sob grande pressão de tempo que de repente se tornam procrastinadores indiferentes. Pessoas que precisam:

- Avaliar demonstração após demonstração, apenas para criar uma objeção no último momento, dizendo que não têm orçamento para sua solução.
- Fazer um "balão de ensaio" de sua proposta.
- Considerar outras opções.
- Rever os números.
- Dar a seu concorrente, que vem ferrando com elas por anos, "uma chance a mais".

Além de querer bater com a cabeça na próxima parede, você em geral se acha estupefato. Tantas objeções não fazem sentido nenhum.

Compradores Não Vão para a Escola de Objeções

Por mais estranho que pareça, seus potenciais clientes não foram para a escola de objeções. Eles nem sempre sabem como lhe dar a objeção certa ou articular a verdadeira razão que impede o negócio. Às vezes, nem eles mesmos entendem. Eles têm um instinto que não sabem explicar.

É por isso que, em vez de objeções claras, concisas e transparentes, que dizem exatamente em que pé as coisas estão, você fica ofuscado com besteiras sem sentido.

Parece, e em geral é, disfuncional quando os compradores hesitam em fazer uma mudança benéfica para eles. Às vezes, é intencional e faz parte de uma estratégia de negociação bem-pensada. Mas isso é raro. A maioria das pessoas não é tão calculista e, como você, é movida por suas emoções e comportamentos subconscientes.

Embora os compradores em potencial não tenham frequentado a escola de objeções, eles se formaram na Universidade de Vendas. Todos os seus professores eram vendedores, que vieram antes de você, e eles levam essas lições e bagagem em interação de vendas para lidar com você.

Os compradores aprenderam que, quando dão razões transparentes, críveis, verdadeiras e específicas para negar uma reunião, o próximo passo ou a compra, são inundados com roteiros manjados e táticas de enganação, menosprezados e intimidados; fazem eles se sentirem estúpidos e os bombardeiam com conflitos e argumentos. Mesmo quando têm questões razoáveis, preparam-se para as conversas típicas de vendas.

Os compradores foram condicionados a se proteger de vendedores insistentes através da confusão porque isso reduz o conflito e faz eles irem embora mais rápido. Eles aprenderam o que e como dizer para encerrar o contato. Eles evitam conflito, hesitam quando encaram a mudança, abominam o desconhecido e são avessos ao risco.

Você Não Pode Discutir com as Pessoas e Convencê-las de que Estão Erradas

Tradicionalmente, treinadores de vendas ensinam os vendedores a "sobrepor objeções". Eu ouvi muitas vezes treinadores usarem a frase "combater objeções". Alguns ensinam "refutação". Infelizmente, esse mau conselho tira as pessoas do eixo em sua busca para superar o *não*.

Também vemos isso nos filmes e na TV. O heroico (ou pegajoso) representante de vendas, frente a uma objeção, tem a fala perfeita, como esta famosa, do filme *O Primeiro Milhão*:

"Como assim, você vai passar? Alan, as únicas pessoas que fazem dinheiro passando são os quarterbacks da NFL, e não estou vendo um número nas suas costas."

Certamente, há vendedores por aí afora (a maioria em situações de transações que fecham o pedido em uma ligação) soltando frases de efeito como essa em contextos de alta pressão. Às vezes funciona. Mas, no fim das contas, muitos desses negócios não se concretizam por remorso do comprador.

A maioria das vitórias é aleatória e ocorre apesar da fala perfeita, e não por causa dela. Mas, como parecia funcionar, os profissionais de vendas acabavam se iludindo e achando a tática vitoriosa, então continuaram usando-a, e cada vitória aleatória reforça a crença falsa de que eles estão fazendo a coisa certa.

Isso se chama *reforço intermitente* — o mesmo fenômeno psicológico que faz com que as pessoas continuem apostando em caça-níqueis. Nas raras ocasiões em que táticas decadentes como essa funcionam, seu cérebro é reprogramado para acreditar que, se você continuar tentando, funcionará novamente.

Também é comum ouvir treinadores de vendas, líderes e "gurus" dizerem para os vendedores "nunca aceitarem 'não' como resposta". A intenção é encorajar a persistência. Eu entendo e sei qual é a intenção. Em vendas, persistência, resiliência e direcionamento são mentalidades críticas. Especialmente nas atividades de prospecção e no final do pipeline, não deixar o *não* parar você é um ativo valioso.

Porém, esse é um conselho terrível para objeções no meio do processo de vendas. Os vendedores, especialmente novatos, confundem "nunca aceite um 'não' como resposta" com "faça com que seu cliente em potencial se submeta na base da discussão".

Essa é uma das muitas razões, incluindo as emoções disruptivas de apego e desespero, pelas quais tantos vendedores tentam mudar a opinião dos clientes em potencial. As objeções se tornam debates que devem ser vencidos. Os clientes são vistos como adversários que devem ser conquistados. O *não* se torna uma competição, em vez de uma colaboração.

Sobrepor-se ao outro não funciona. Nunca funcionou, na verdade. Você não pode convencer os seus clientes em potencial, com base na discussão, de que eles estão errados. Quanto mais você força a barra, mais eles se defendem e resistem. Esse comportamento é conhecido como *reatância psicológica*.

As pessoas possuem uma tendência previsível de se rebelar em um debate ou quando suas escolhas são excluídas. Quando alguém diz que você está errado, sua resposta é rápida e emocional (mesmo quando realmente *está* errado): "Ah, é? Eu vou mostrar para você!"

A reatância psicológica liberta sua criança birrenta interior. É por isso que você não pode convencer o outro de que está errado à base de discussão. Não importa a lógica do seu argumento, os dados ou fatos que o sustentem, as pessoas com quem você está discutindo vão ficar na defensiva e se rebelar. Quando você ativa a reatância, afasta o cliente em potencial em vez de aproximá-lo. Por essa razão, superar, combater, refutar e debater não funciona.

O ato de se sobrepor cria animosidade, exasperação e frustração tanto do lado dos clientes em potencial, que são atropelados com um argumento para convencê-los de que estão errados, quanto para o vendedor, que cria ainda mais resistência e uma rejeição mais severa com essa abordagem. Assim, as partes interessadas mascaram os problemas, teimam, agem de forma ilógica, insistem na sua posição e, até mesmo, mentem.

Objeções São Geradas no Nível Emocional

Em toda conversa de venda, a pessoa que exerce o maior grau de controle emocional tem maior probabilidade de conseguir o resultado que almeja. Como vendas são algo humano, e comprar é humano, tanto você como os clientes em potencial são bombardeados por emoções disruptivas enquanto interagem nos processos de compra e venda.

Objeções

Com frequência, depois de uma objeção vir à tona, no calor do momento, nós a tratamos como se fosse algo racional e lógico. A ciência, no entanto, nos diz que o processo de decisão humano, incluindo aí as objeções, é primeiro emocional, e só depois lógico.

O Dr. António Damásio mudou a forma como a ciência vê a tomada de decisões humana. Ele provou que as emoções, não a lógica, guiam a forma como tomamos decisões.[1] Damásio estudou pessoas cujos sistemas límbicos — o centro emocional do cérebro — foram danificados e não funcionavam adequadamente, embora tivessem o neocórtex, a parte do cérebro que comanda o pensamento racional, em estado normal e funcional.

Ele descobriu que pessoas nessa condição compartilhavam uma característica peculiar. Era quase impossível que elas tomassem uma decisão. Elas poderiam discutir objetivamente a lógica e a racionalidade de diferentes escolhas; mas, quando era solicitado que decidissem, achavam difícil, por vezes impossível, fazê-lo. Sem suas emoções para guiá-las, elas agonizavam até nas escolhas mais simples.

O trabalho de Damásio demonstrou que as emoções são centrais para a tomada de decisão humana. Isso não quer dizer que não tomemos decisões racionais. Certamente, tentamos tomar decisões da melhor forma possível. O que Damásio provou, no entanto, é que, para os seres humanos, as decisões começam com a emoção.

Nós sentimos, e então pensamos.

É nesse contexto que devemos aceitar que as objeções são emocionais. Compreender isso é importante porque, se você tentar resolver uma objeção com lógica, sem primeiro considerar sua origem emocional, é como discutir com uma parede. Nesse estado, você aciona a reatância psicológica. Você gasta uma grande quantidade de energia discutindo com a parede, mas ela não vai se mexer.

Há um caminho melhor. Em vez de entender os clientes em potencial como adversários e de tentar ganhar a discussão, utilize a função do cérebro de criar padrões, romper as expectativas dos clientes em potencial, mudar suas opiniões e atraí-los para você.

Vieses Cognitivos e Heurísticas

Assim como um computador, nossos cérebros podem processar apenas uma determinada quantidade de informação por vez. À medida que a carga cognitiva[2] aumenta, o cérebro se desacelera e se torna menos eficiente, sendo incapaz de focar, e o controle da atenção diminui.

De uma perspectiva puramente evolucionária, essa inabilidade de focar pode colocar você em perigo. Caso haja uma ameaça por perto — um tigre-dentes-de-sabre preparou o bote na grama ou há um ônibus girando na rua — e você esteja tão estupefato com as informações sensoriais que você não consegue ver, *bam!* Vira lanche ou uma panqueca.

Mover-se devagar, em geral, fazia o DNA ser removido do conjunto de genes, e assim o cérebro humano passou a pensar rápido. Com tanta informação sensorial nos atingindo simultaneamente, precisávamos de uma forma de focar apenas aquelas anomalias ambientais que poderiam representar perigos ou oportunidades. O cérebro humano tornou-se um monstro de padrões, ignorando a maior parte dos dados para focar o que se projetava — diferente, novo, perigoso.

Seu cérebro é um mestre em agarrar os bilhões de bits de informação no ambiente a seu redor, interpretar os padrões e agir apropriadamente (na maioria dos casos) em resposta a esses padrões.[3]

Se o seu cérebro não tirasse vantagem dos padrões para tomada de decisão e resposta adaptativa ao mundo a seu redor, você ficaria subjugado e incapaz de funcionar. Em vez disso, o cérebro usa heurísticas para eliminar o ruído e tomar decisões rápidas. Uma *heurística* é um atalho mental que permite aos seres humanos tomar decisões rápidas em um mar de complexidade — enquanto gastam o mínimo de esforço e carga cognitiva.

Objeções

Uma compreensão básica de como esses atalhos funcionam é crucial para entender por que você recebe objeções, e então usar as estruturas de influência humana para contorná-las. Vamos começar com dois fatos sobre o cérebro.

1. **Ele está ocupado com manter você vivo** e, assim, foca as coisas do ambiente que são inesperadas e podem ser uma ameaça, enquanto ignora as coisas que são iguais (padrões), para assegurar que não deixe de ver as ameaças.

2. **Ele é preguiçoso,** preferindo o caminho do mínimo esforço ou a carga cognitiva mais leve quando toma as decisões. Quando o cérebro percebe um padrão similar a outros, em vez de gastar tempo analisando se as duas coisas são diferentes de alguma forma, ele presume que são a mesma e usa esse atalho para tomar uma decisão rápida. Isso explica por que os clientes potenciais pensam que você e seus concorrentes são iguais.

As heurísticas o ajudam a resolver problemas mais rápido do que conseguiria se pesasse metodicamente todas as opções — permitindo decisões e julgamentos rápidos e eficientes sobre pessoas e situações.[4] Atalhos cognitivos são intuitivos e ocorrem nos níveis consciente e subconsciente. Cada decisão é impactada pelo desejo do seu cérebro de usar as heurísticas para tornar as coisas mais fáceis.[5]

De forma similar, as heurísticas estão em ação quando os clientes potenciais decidem se gostam de você, avaliam sua proposta e o risco de seguir para o próximo passo, determinam se você é confiável e comparam você com seus concorrentes.

Embora as heurísticas ajudem os potenciais clientes a avaliar problemas complexos mais rápido, também levam a vieses cognitivos que acarretam uma tomada de decisão ruim. E é aqui que as objeções irracionais e irritantes nascem.

O poder da mente subconsciente e como ele segura as rédeas das emoções, comportamento, interações interpessoais, gostos, desgostos, percepções e decisões do seu comprador é algo que todo profissional de vendas deve compreender e aprender a usar para seu benefício.

Não há nada que você possa fazer, nenhuma conversa, nenhuma situação em que os vieses cognitivos não estejam em ação.[6] Vieses são o lado sombrio da heurística cognitiva. Esses julgamentos apressados podem confundir sua objetividade e resultar em desvios.[7] A análise racional e objetiva é deixada de lado pela parte preguiçosa do cérebro, que procura uma saída fácil. Os vieses cognitivos emanam do subconsciente e são, em geral, acionados antes de o comprador estar consciente de como suas decisões e padrões de pensamento foram negativamente impactados. O *viés do status quo,* por exemplo, faz com que o comprador peça um tempo para "pensar sobre o assunto", mesmo que faça sentido lógico seguir adiante. Então, como você acionou a reatância com uma discussão, ele ou ela pende para a postura ilógica. Nesse estado emocional intratável, nenhum de vocês atinge suas metas.

Uma chave para ganhar o controle quando se está lidando com objeções, e influenciando o estado emocional e os comportamentos subsequentes, de seu potencial cliente é obter uma compreensão intelectual dos vieses cognitivos comuns que acionam as objeções e ter a consciência de captá-los e redirecioná-los quando ocorrerem.

As Pessoas Ignoram os Padrões

Se subitamente houvesse um ruído alto próximo, sua atenção seria retirada destas palavras e dirigida a esse som. Seu cérebro começaria a pesquisar em suas proximidades por qualquer coisa fora de lugar que pudesse ser uma ameaça em potencial, enquanto o prepararia para lidar com essa ameaça. Essa é sua reação de lutar ou fugir. Nesse momento, uma parte do seu cérebro chamada de amígdala assumiu o controle de suas emoções e comportamentos.

Pense no cérebro como uma boneca russa.

- A boneca maior, externa, é o neocórtex. É a sua massa cinzenta — a parte racional de seu cérebro.
- A boneca do meio é o sistema límbico — a parte emocional de seu cérebro.
- A boneca menor é o seu cerebelo, ou a parte autônoma de seu cérebro, que gerencia todas as coisas pequenas (porém importantes), como respiração, para você poder se concentrar em pensar.

Todas as três partes estão conectadas pela amígdala, uma pequena estrutura dentro do cérebro, que está situada no sistema límbico.

A amígdala é o centro que processa todos os estímulos sensoriais, conectando as partes racional, emocional e autônoma do seu cérebro. É o centro de emoções, comportamento emocional e motivação. Medo e prazer são a linguagem da amígdala, e ela exerce uma grande e compulsória influência sobre seu comportamento emocional. A reação de lutar ou fugir, que discutiremos em um capítulo posterior, origina-se da amígdala.

Para evitar gastar preciosos recursos em coisas que não importam, a amígdala foca e responde a disrupções ambientais — qualquer coisa diferente, inesperada ou nova que considera importante para sua sobrevivência física ou social. Esse simples atalho cognitivo de ignorar padrões tediosos e estar alerta a qualquer coisa que nos perturbe é a razão principal para nosso sucesso como espécie.

Quando seus comportamentos de venda caem em um padrão esperado, você não se destaca e não recebe atenção. Você não cria medo, nem promete prazer. Você não é interessante. Sua abordagem em cores pálidas é ignorada.

Quando você olha, age, sente e aparenta ser como qualquer outro representante de vendas que liga, manda e-mail, faz uma demonstração, apresenta, faz um discurso de vendas, desafia ou passa pela porta, seu potencial comprador acha você chato e vai para o roteiro reflexivo do comprador. O roteiro do comprador é mecânico e habitual, as mesmas coisas que ele diz a todo vendedor que cai nesse padrão. Permite ao comprador ficar emocionalmente distante e manter você a uma distância segura.

Quando seu potencial comprador não consegue ver diferença entre você e seus concorrentes, vêm as objeções. Quando seu jeito de lidar com as objeções cai em um padrão comum a todos os vendedores, você se torna fácil de dispensar.

Os vendedores que desbancam as expectativas puxam os compradores em potencial para seu lado. Eles pintam os padrões tediosos de vendas com cores vivas. Pintar padrões é sua forma de virar o roteiro do comprador e mudar o jogo. O diferente é sexy. O diferente vende. A amígdala adora coisas brilhantes e coloridas. Pintar padrões — chamar a atenção — é o âmago das estruturas de reversão de objeções que você aprenderá a utilizar neste livro.

Status Quo e Vieses de Segurança

Eis um facho de luz bem óbvio: *seres humanos não gostam de mudança*. Nós trabalhamos ativamente para evitá-la. Ficamos com a rotina e os favoritos. Vivemos pelo axioma: "Se não está quebrado, não conserte."

Quando alguém tão somente sugere que uma mudança pode ser feita, ficamos ansiosos, cínicos e rebeldes — mesmo que a mudança seja a nosso favor.

O ser humano vive com um medo subjacente de que a mudança torne as coisas piores. Somos motivados a evitar a tomada de decisões irreversíveis. Quando enfrentamos opções, gravitamos até aquela que parece ter o menor risco. Esse *viés de status quo* é a principal razão para os clientes em potencial produzirem objeções e os negócios empacarem nos estágios finais do processo de venda.

Em seu livro *Rápido e Devagar*, Daniel Kahneman, o pai da pesquisa sobre heurísticas e vieses cognitivos, escreve:

Objeções

Os organismos que impuseram maior urgência em evitar ameaças do que maximizar oportunidades tiveram mais chance de passar seus genes adiante. Então, ao longo do tempo, a possibilidade de perdas tornou-se um motivador mais poderoso no seu comportamento do que a promessa de ganhos.[8]

Esse *viés de segurança* faz com que o cérebro de seu comprador esteja mais consciente das coisas ruins (o que pode dar errado) do que das boas (o que pode dar certo). Em termos evolucionários, faz sentido. Embora você pudesse perder uma boa oportunidade, como um almoço grátis, se não prestasse atenção ao risco em seu ambiente, você poderia acabar *sendo* o almoço — algo muito ruim.

Como seres humanos, tendemos a ser atraídos por escolhas e ambientes seguros. Vendedores, via de regra, não são percebidos como algo seguro. Você é uma ameaça. Seus compradores estão preocupados. "E se fizermos uma mudança e as coisas derem errado?" Eles se preocupam com que você não cumpra suas promessas e isso prejudique o negócio. Preocupam-se que você os manipule. E por que não deveriam? Os vendedores que precederam você falharam no que mais importava.

Os compradores levam essa bagagem emocional para o processo de compra, e, como os seres humanos lembram eventos negativos de forma muito mais vívida que os positivos, eles acreditam que os eventos negativos do passado terão probabilidade muito maior de ocorrer no futuro.

Quando o viés de segurança se eleva para um viés de *status quo*, cria uma parede emocional significativa e gera objeções. A razão número um para os usuários decidirem não ir adiante com você não são preços, especificações do produto, janelas de entrega ou qualquer uma das coisas a que os vendedores escolhem culpar. É o medo das futuras consequências negativas.

Esses perniciosos vieses cognitivos, trabalhando em conjunto, fazem com que seus compradores em potencial aumentem cada falha, risco e preocupação sobre você e sua proposição. Eles se sentem instáveis, inseguros e amedrontados. Assim, escolhem ficar no lugar e não fazer nada (mantendo o *status quo*) em vez de mudar.

Mesmo em situações insustentáveis, nas quais a mudança é necessária para sobreviver, as pessoas se agarram ao *status quo*: "O melhor diabo é o que você conhece."

É enlouquecedor para o vendedor, que levou os cavalos sedentos até a água; mas, apesar de empurrar, puxar e insistir, não consegue fazê-los beber. Para o vendedor, embora a preocupação do comprador seja com a concorrência, o *status quo* é, e sempre será, seu principal adversário.

Em um mundo movido pela incessante mudança disruptiva, o *status quo* é rei. Seja tentando persuadir os outros a aceitar novas ideias, influenciar um potencial cliente a mudar de fornecedor, persuadir um cliente a comprar um novo produto, apelar para uma empresa adotar outro sistema, desafiar uma equipe de clientes em potencial a aceitar um novo processo ou só atingir o próximo passo, a maior atração emocional, não importa quão ilógica, sempre se inclinará na direção do *status quo*.

Os vendedores medianos respondem lutando. Eles tentam forçar seus clientes em potencial a aceitar a mudança — tentando discutir com eles e fazê-los acreditar que seus medos não têm fundamento. Fazendo isso, eles confirmam o estereótipo negativo do vendedor e acionam a reatância e o viés de segurança.

Os profissionais de vendas de alta performance contornam o viés de *status quo* dos potenciais clientes, ajudando-os a se aclimatar à mudança, por meio de preparação e microcompromissos.

Um exemplo do processo de preparação é apresentar no início da ligação o próximo passo que você planeja pedir ao potencial cliente, em vez de surpreendê-lo no final da conversa. O preparo para a mudança também pode ser feito durante a descoberta, através de questões estratégicas que lhe permitam falar sobre um estado futuro desejado.

Uma série de microcompromissos prepara os potenciais clientes para a mudança. Esses microcompromissos são exatamente o que o nome diz — passos pequenos, de baixo risco e de fácil consumo. À medida que o cliente potencial se acostuma com pequenas mudanças, torna-se mais fácil para ele fazer grandes mudanças.

Confiança, no entanto, é a única emoção que quebra a força gravitacional do *status quo*. Embora algumas decisões sejam completamente livres de risco, a confiança tem um papel crucial na redução do medo e minimização do risco para os clientes em potencial. Quanto mais eles confiam em você, maior é a probabilidade de aceitarem seus pedidos e comprarem de você. O alicerce da confiança é construído e merecido, um tijolo por vez, enquanto você percorre o processo de vendas e demonstra através de suas ações que é digno de recebê-la.

Acionando o Viés da Negatividade

Apesar da percepção quase universal de que vendedores vão falar ou fazer qualquer coisa para fechar o negócio, dificilmente encontro vendedores que têm más intenções. A maior parte dos profissionais de vendas:

- Quer o melhor para seus clientes em potencial.
- Faz a coisa certa.
- Mantém suas promessas.
- Diz a verdade.
- Acredita no que está vendendo.

A armadilha na qual os vendedores caem é a falsa crença de que as boas intenções são o suficiente. Clientes em potencial não estão julgando sua confiança com base em *suas* intenções. Eles julgam você baseados nas intenções *deles*.

Em nosso mercado global hipercompetitivo, dominado pela mudança disruptiva, há pouca tolerância para falhas no local de trabalho, e as penalidades por cometer erros podem ser severas. Comprar um novo produto ou mudar fornecedores acarretam um risco real para os clientes em potencial.

Medo, insegurança, falta de confiança, desentendimento, desgosto e incerteza são a gênese da resistência e das objeções.

Quando os clientes em potencial confiam em você para cumprir suas promessas, colocam-se em uma posição vulnerável. Se você falhar, o impacto em seus negócios, companhia, carreira, finanças ou família pode ser extremo. É por isso, aliás, que não fazer mudança alguma — manter o *status quo* — é, em geral, a escolha emocionalmente segura, mesmo quando ficar estagnado é ilógico ou disfuncional.

Os clientes em potencial estão avaliando você. Estão procurando coerência em suas palavras, comunicação não verbal e ações. Cada comportamento, palavra e ação está sendo observado. Os seres humanos focam a atenção em coisas que se destacam e, para nós, qualquer coisa negativa se destaca tanto quanto um peixe fora d'água.

Esse é o *viés da negatividade*. O cérebro humano é ajustado para reparar o que está errado em alguém, em vez de o que está certo. As coisas negativas têm um impacto maior no comportamento do que as positivas. Mensagens, pensamentos e imagens negativas seguram e mantêm nossa atenção. Ao longo do tempo, essas pequenas percepções negativas se somam, gerando a impressão de que não se pode confiar em alguém.

Quando lhe falta controle emocional, você, em geral, introduz objeções onde elas não existem, acionando o viés da negatividade. Os vendedores acionam esse viés quando:

- Respondem a perguntas que não foram feitas.
- Discutem o que pensam ser objeções, embora o cliente em potencial não tenha mencionado o assunto.
- Levam para a conversa de vendas atual objeções de outra, como forma de se proteger da rejeição.
- Projetam objeções nos clientes em potencial.
- Apresentam questões ou percepções potencialmente negativas sobre seu produto muito cedo no processo de vendas para as expor de uma vez.

Objeções

- Conversam sobre questões operacionais e de serviço potencial fora de contexto.

Você aciona o viés da negatividade quando, depois de pedir um compromisso de compra, sua boca continua aberta, em vez de fechá-la e permitir que o cliente responda. Nesse momento de insegurança, você soterra o comprador com termos e condições do negócio, começa a discursar oferecendo funcionalidades e benefícios, mostra os aspectos negativos do seu produto ou reintroduz uma pista falsa que o cliente esqueceu há muito tempo.

Seus concorrentes também disparam o viés de negatividade apontando falhas no seu produto, clientes que tiraram de você e críticas negativas online. Quando eles apresentam essas questões em conversas de vendas, os compradores se voltam para eles. Se sua concorrência continuar usando essas informações falsas, pode ocorrer algo chamado de *efeito de verdade ilusória*, ou efeito de reiteração. É a tendência humana de acreditar em uma informação que é repetida diversas vezes, mesmo quando não é verdade.

Esse processo pode ativar a *ilusão de frequência*, que acentua o viés de negatividade. Todos nós já experimentamos esse fenômeno. Por exemplo, digamos que você esteja procurando um novo carro e fique interessado em certo modelo. De repente, você começa a reparar nesse modelo em todos os lugares. Quando os clientes em potencial são preparados pelos seus concorrentes com aspectos negativos acerca de sua empresa e produto, provavelmente sua análise pode ser amplificada, fazendo com que eles estejam mais sintonizados em ver esses padrões negativos.

É aqui que as coisas se complicam para você. Por exemplo, seu concorrente diz ao cliente em potencial que a Empresa ABC encerrou o relacionamento com você devido a falhas de serviço. Durante uma ligação de vendas, esse cliente lhe joga uma questão difícil sobre o assunto. Você vai atrás da pista falsa e tenta explicar o que aconteceu; mas, como foi pego com a guarda baixa, parece um argumento defensivo, no qual você não parece sincero.

E isso aciona tanto a reatância, que aumenta a resistência e as preocupações, quanto a desconfiança, afastando o potencial comprador de você e aproximando-o de seu concorrente.

Uma vez que seu cliente começa a acreditar que seu concorrente oferece melhores produtos, serviços ou soluções que você, ele busca informações que sustentem essa crença. Esse *viés de confirmação* faz com ele se atraia para o que confirma sua posição e ignore pistas contraditórias. Por isso as objeções do concorrente geralmente parecem tão ilógicas.

Nas vendas, você está sempre no palco. Você deve:

- Exercer autocontrole e disciplina tremendos para gerenciar cada comportamento, promessa e ação na frente dos compradores.
- Neutralizar concorrentes negativos no início do processo de vendas, preparando com antecedência os compradores para o que o concorrente dirá e fará.
- Apresentar referências sólidas e estudos de caso que refutam e neutralizam as percepções negativas.
- Evitar infligir danos a si próprio, que podem ocorrer quando você introduz objeções e percepções negativas na conversa de vendas.

É importante buscar razões para se encontrar com seus clientes em potencial e lhes fornecer informações e insights adicionais tão frequentemente quanto possível. Você deve controlar e manter sua mensagem no *top of mind*. Assim, você retém o controle e a vantagem do *viés de disponibilidade*.

Os seres humanos tendem a se lembrar das coisas que estão mais disponíveis e acessíveis na memória. Quanto maior a frequência com a qual disponibilizar informações positivas sobre você, mais provável será que os clientes em potencial se recordem dessa informação, o que neutraliza seus concorrentes e reduz as objeções.

Objeções

A Falácia dos Custos Afundados

A maioria de nós acredita que tomamos decisões baseados em interesse próprio e um estado futuro desejado. A verdade é que essas decisões são influenciadas, mais provavelmente, pelo que já investimos no nosso estado atual, não importa quão insustentável ele seja.

Uma vez que tempo, dinheiro, esforço e emoção tenham sido investidos em coisas que estão falhando ou que não têm funcionado, os seres humanos possuem um mau hábito de "colocar dinheiro bom sobre o ruim" — acreditando falsamente que "não podem desistir agora".

Essa *falácia dos custos afundados* pode fazer com que os compradores em potencial se agarrem a um fornecedor, produto, equipamento, software, processo ou sistema que está em falta com eles, mesmo que haja evidências irrefutáveis da necessidade da mudança. Já testemunhei compradores tomarem a decisão de manter uma estratégica de negócio que vinha falhando mesmo depois de admitirem abertamente que era um buraco negro.

A falácia dos custos afundados, junto ao viés do *status quo*, cria grandes problemas para os vendedores. Os compradores ignoram fatos lógicos em favor de apegos emocionais. Em vez de focar a escolha que promete um futuro melhor, eles se fixam no que já perderam, na falsa crença de que podem de alguma forma recuperar essas perdas se continuarem a fazer a mesma coisa.

Este ano mesmo, minha companhia perdeu um contrato de US$500 mil para um fornecedor que não estava atendendo aos melhores interesses do nosso cliente. Os líderes de vendas de campo reclamaram para quem quisesse ouvir que o treinamento que o fornecedor conduziu foi dinheiro jogado fora. As métricas de performance comprovaram isso.

Participamos de um piloto que acarretou os melhores resultados que a companhia já havia obtido com um programa de treinamento. As métricas de performance de vendas pós-treinamento mostraram quão forte era nosso caso de negócio, para que escolhessem nossa solução.

Tínhamos toda a organização de vendas em campo nos apoiando. E, ainda assim, perdemos.

O tomador de decisão da companhia disse: "Sabemos que o treinamento que receberemos do nosso atual fornecedor não é excelente e não nos ajudará a atingir nossas metas. Mas já investimos tanto nele que sentimos que é preciso ver se conseguimos achar uma forma de resolver o problema." Meses mais tarde, nada havia mudado, mas não importava. Eles estavam confortáveis com o *status quo*.

Relembrando essa derrota, demo-nos conta de que tínhamos subestimado o quão estabelecido o fornecedor tinha se tornado. Presumimos que, como havia um alto nível de insatisfação, e nosso programa tinha sido melhor pontuado, a decisão seria fácil.

Nosso erro foi não fazer perguntas durante a fase de descoberta sobre o desejo de mudança, o que os faria manter a posição, ou sobre como poderíamos fornecer programas para complementar ao invés de remover o fornecedor. Em vez disso, adotamos uma mentalidade tudo ou nada/soma zero. Falhamos porque abordamos a oportunidade através de uma lente lógica, e as emoções, não a lógica, determinaram o resultado.

Viés de Ambiguidade e o Efeito Menos É Mais

Você já aprendeu que o cérebro é preguiçoso. Busca o caminho da menor carga cognitiva. Por essa razão, probabilidades complexas e de difícil previsão acionam as objeções. Os seres humanos preferem opções que aparentam simplicidade àquelas que são mais complexas. Preferimos certeza sobre ambiguidade. Os seres humanos abominam o desconhecido.

Os clientes em potencial escolhem o caminho de decisão mais rápido, simples e certo, em detrimento da complexidade; mesmo quando a solução mais complexa se ajusta mais adequadamente, gera melhor resultado e um melhor ROI (retorno sobre investimento). Complexidade e ambiguidade desaceleram a tomada de decisão e produzem objeções do tipo "precisamos pensar no assunto".

Objeções

Para evitar que seu cliente em potencial fique sobrecarregado, mantenha as propostas simples e diretas — *menos é mais*. Coloque gráficos e números complexos no apêndice e lide com não mais de três a cinco prioridades, problemas ou desafios. Foque o caminho mais fácil para começar a fazer negócios com você.

Para cada um dos desafios do seu cliente potencial, construa uma ponte mostrando-lhe a situação atual, descreva sua recomendação para resolver o problema e articule claramente o estado futuro. (Você encontra mais informações sobre a estrutura de construção de pontes em meu livro *Inteligência Emocional em Vendas*.) Use os estudos de caso e resultados de negócio baseados nas companhias ou situações similares para criar segurança.

Dissonância Cognitiva

Quando os seres humanos tentam sustentar duas ou mais crenças contraditórias ao mesmo tempo, fazer ou pensar algo que viola ou é incoerente com um valor-chave, tomar uma atitude inconsistente com um compromisso anterior ou ser confrontado com informações que contradizem diretamente algo que acreditam ser verdade, a situação cria um estresse mental e um desconforto emocional chamado de *dissonância cognitiva*.

Os seres humanos têm um desejo irrefreável de ser coerentes com seus pensamentos, crenças, valores e ações. Para obter esse confortável equilíbrio, buscamos reduzir constantemente a dissonância, assim como a fome nos leva a buscar comida para confortar um estômago que ronca. A dissonância é tão dolorosa emocionalmente que as pessoas, em muitos casos, negarão fatos, evidências e racionalizarão tudo para proteger uma crença essencial.

Onde há dissonância, há objeções. Quando os potenciais clientes são colocados em situações em que devem decidir, eles são bombardeados tanto por escolhas racionais conscientes quanto por vieses cognitivos inconscientes. Alguns desses vieses e escolhas são opostos, e essa contradição cria o estado de dissonância.

- **Situação:** O cliente está trabalhando com um fornecedor que tem prestado um serviço ruim. Você questiona a decisão, apresentando evidências de que seu fornecedor atual está acabando com ele.
- **Dissonância:** O comprador em potencial originalmente escolheu e se comprometeu com o fornecedor. Ele acredita, como muitas pessoas, que toma decisões boas e racionais (*viés egocêntrico*). Você questionou sua tomada de decisão e julgamento, mostrando que ele tomou uma decisão ruim. Ele é forçado a aceitar que fez uma escolha ruim, culpar circunstâncias externas (*viés de atribuição*), mentir que sabia que o fornecedor era ruim o tempo todo e que não tinha outra escolha (*viés de retrospecto*) ou defender sua decisão — transformando você em um adversário.
- **Resultado:** Ele mantém sua posição, porque a necessidade de ser coerente com a imagem que tem de si e com os compromissos prévios é poderosa. Em vez de concordar com você, ele discute. Defende ficar em uma situação ruim destacando as poucas coisas boas que o fornecedor fez para ele, ignorando o dano que lhe foi causado (*viés de confirmação*).
- Sua justificativa é irracional; mas, quanto mais você discutir, mais ele ficará ancorado em sua posição (*reatância*). Como você foi a origem do problema, torna-se um adversário indesejável. Quando alguém rotula você como indesejável, sua probabilidade de vitória despenca.

Há uma forma melhor. Em vez do confronto direto — com evidências empíricas ou falando mal de um fornecedor que claramente está fazendo a coisa errada —, provoque a consciência com uma questão ardilosa.

"John, me diga, do que você gosta mais no fornecedor ABC?"

Pode parecer uma questão suicida. Por que você quer que ele diga do que gosta mais no fornecedor? Isso não vai contra o propósito todo?

Quando você pergunta à maioria das pessoas do que gostam mais em alguma coisa, você aciona o viés de negatividade a seu favor. A maioria das pessoas responderá com algumas coisas positivas e rapidamente irá para as negativas, porque, como você aprendeu, os seres humanos são mais antenados nas negativas que nas positivas — é o que fazemos.

Tudo o que você precisa fazer é preparar o comportamento do seu cliente potencial, perguntando do que ele gosta mais. Há o efeito adicional de quebrar suas expectativas com relação à forma como você reage, fazendo com que ele se sinta atraído e interessado.

Isso faz com que o cliente em potencial comece a reclamar do fornecedor e ofereça uma ladainha de falhas e defeitos de forma muito mais fácil. Quando ele expressa sua insatisfação nos próprios termos, ele se compromete a fazer uma mudança, e a probabilidade de que a faça aumenta, porque suas ações devem ser coerentes com suas novas crenças sobre o fornecedor — para evitar a dor da dissonância.

Juntando Tudo

Comprar é uma experiência emocional repleta de estresse. Os clientes potenciais são sobrecarregados por opções, desinformação e os infinitos "eu também" de cada vendedor que encontram. Eles ficam frustrados com o processo complicado, bagunçado e, por vezes, caótico de compra e venda. A penalidade por fazer escolhas erradas pode ser severa.

Em muitos casos, o processo de compra em si é iniciado por um evento gatilho que rompe o *status quo* e cria dor, desconforto, dissonância e a urgência de resolver um problema. Porém, mesmo em face da urgência e disfunção, as pessoas procrastinam para evitar conflitos, mudanças, riscos e o desconhecido.

Elas se escondem atrás de desculpas; precisam pensar no assunto; considerar outras opções; fixar-se no preço, e não no valor; envolver outras pessoas e evitar você.

É importante que você encare a realidade como o fato de estar lidando com pessoas movidas pela emoção, orientadas por vieses cognitivos subconscientes. As objeções são inerentemente emocionais, e você deve primeiro lidar com elas no nível emocional, antes de introduzir a lógica.

Para ter sucesso em contornar o *não*, você deve desenvolver postura, confiança e controle emocional. Você precisará dominar um conjunto de estruturas de objeção que ajudarão a romper a resistência, passar pelas objeções e chegar ao *sim*.

5
Objeções Não São, mas Parecem Rejeições

Eu acredito que a rejeição é uma bênção, porque é a forma do universo de dizer a você que há algo melhor lá fora.
— Michelle Phan

Quando estava no segundo ano do ensino médio, a formatura era uma coisa séria — uma obsessão para meninos e meninas e um dos grandes passos para sair da adolescência e entrar na idade adulta. Eu estava animado, embora preocupado, porque tinha um grande problema. Precisava de uma companhia. E, claro, queria ir com a garota dos meus sonhos.

A ansiedade que senti foi a mesma pela qual milhões de estudantes devem ter passado — um rito de passagem. Por semanas, eu adiei o pedido. Eu a observava no refeitório rodeada das amigas. Passava por ela no corredor entre as aulas, esperando em segredo que estivesse pensando no mesmo que eu.

Nunca houve o momento ideal. Não consegui encontrá-la sozinha. Não tinha as palavras certas. Muitas pessoas por perto. Mil e uma razões pelas quais *agora* não era o momento certo para pedir.

Objeções

Então, pela maior parte do semestre de inverno, vivi a fantasia de que iríamos à formatura juntos, em vez de dar o passo mais importante e *pedir* a ela. Com o relógio andando, no entanto, eu tinha que fazer alguma coisa.

Finalmente, juntei minha coragem e pedi. Foi uma experiência terrível. Senti-me constrangido e inseguro, enquanto lutava para fazer as palavras saírem. Meu coração estava batendo forte, e as palmas das mãos, suando. Quando abri minha boca, me arrependi.

As palavras que havia praticado várias vezes em minha cabeça saíram errado — uma bagunça embaraçada e confusa. Nesse instante, meu sonho de ir à formatura com a menina mais bonita da escola foi por água abaixo. Estava acabado, e eu sabia.

Já estava indo embora quando ela disse *sim*. Em retirada, estava tão consumido pelo medo e constrangimento que não entendi imediatamente. Tudo mudou de figura, no entanto, naquele lindo, milagroso e improvável *sim*!

Eu me senti como se tivesse ganhado uma medalha de ouro olímpica. Ela disse sim, e de repente tudo na minha vida de 16 anos ficara perfeito. Eu iria à formatura com uma companhia maravilhosa. O estresse e a ansiedade foram embora.

Aluguei meu smoking, fiz reservas para jantar, contratei uma limusine e fiz um buquê. Por três semanas, estava mais feliz do que podia me lembrar.

Então, subitamente, sem aviso, tudo caiu por terra. Enquanto andava no corredor para minha próxima aula, a menina que iria com um dos meus amigos me entregou um bilhete (isso foi antes das mensagens de texto). Eu abri ansiosamente. Mas as palavras no papel me esmagaram como uma tonelada de tijolos. Eu simplesmente fiquei em pé, olhando fixamente para o bilhete, atordoado.

Meu pior pesadelo. Minha parceira tinha mudado de ideia e decidido não ir à formatura comigo. Ela achou um parceiro melhor — um ex-namorado que convenientemente voltou à cena logo antes da formatura.

É difícil descrever as emoções que senti naquele momento, mas lembro que me senti como se uma bomba tivesse explodido. Meus ouvidos estavam ressoando, minha visão, nublada, e me arrastei o resto do dia me sentindo confuso e anestesiado.

Estava constrangido, envergonhado, ferido e com raiva. Queria confrontá-la, dizer o quanto ela estava errada fazendo aquilo, mas não o fiz. Simplesmente mudei de ideia e fui para casa chorar, colocar a cabeça no lugar. Eu ainda tinha que achar outra companhia, mas estava tão machucado que não tinha vontade de convidar mais ninguém. Não fui à minha formatura do segundo ano — algo de que me arrependo até hoje. Em vez disso, me escondi em casa, me sentindo um fracassado.

Aquela experiência horrível foi uma *rejeição* completa, genuína. Deixou uma cicatriz tão profunda que eu nunca tinha contado essa história até agora. Até minha esposa nunca a tinha ouvido. Ainda dói. Rejeição assim é algo profundamente pessoal.

Não É Mais o Mesmo

Objeções não são rejeições. Objeções são sinais de confusão, preocupação, escolha entre opções, vieses cognitivos subconscientes, aversão ao risco, sobrecarga cognitiva e medo de mudança. Objeções são uma parte natural do processo de tomada de decisão humano. Na maioria dos casos, querem dizer que seu potencial comprador ainda está envolvido.

Perguntas não são rejeição. Potenciais clientes e consumidores frequentemente fazem perguntas legítimas, mas difíceis, que precisam ser respondidas antes que eles sigam adiante.

Negociação não é rejeição. Negociação é uma indicação clara de que seu cliente em potencial está envolvido e pronto para comprar; a porta está aberta para colaborar em um negócio mutuamente benéfico.

Objeções

Objeções, perguntas e negociação funcionam assim:
"Eu não sei; preciso pensar no assunto." (Objeção)
"Preciso falar com meu chefe (mulher, marido, amigo etc.)." (Objeção)

"Antes de seguir adiante, precisamos arrumar a casa." (Objeção)
"Não tenho tempo agora." (Objeção)
"Não estamos interessados." (Objeção)
"Gostaria de explorar outras opções." (Objeção)
"Por que esta opção custa tanto?" (Pergunta)
"Por que não podemos receber mais cedo?" (Pergunta)
"Por que funciona desta forma e não daquela?" (Pergunta)
"Como seu software é diferente daqueles dos concorrentes?" (Pergunta)
"Podemos conversar sobre o preço?" (Negociação)
"Pode fazer isto mais rápido?" (Negociação)
"Há alguma forma de reduzir as taxas de instalação?" (Negociação)
"Realmente quero fazer negócio com você, mas..." (Negociação)

Rejeição é a recusa direta em aceitar uma ideia ou pedido. É um sonoro *não*, que por vezes pode ser dado com um tom áspero e deliberado. Em raros casos, a recusa é jogada para você como um insulto pessoal.

A rejeição funciona assim:
"Saia do meu escritório, seu imbecil!" (Rejeição!)
"Tire-me da m@#$! da sua lista e não me ligue nunca mais!" (Rejeição!)
"Você e sua companhia são horríveis!" (Rejeição!)
"Não faria negócio com você nem se fosse a última pessoa na Terra!" (Rejeição!)
"Vá se ferrar!" (Rejeição!)
Clique ou batida — telefone sendo desligado ou porta sendo fechada na sua cara. (Rejeição!)

Em vendas, as rejeições mais descaradas, duras e pessoais ocorrem durante a atividade de prospecção, no início do pipeline, quando você está abordando pessoas estranhas e lhes pedindo seu tempo. Uma vez que segue para o processo de vendas, você experimenta pouca rejeição genuína. Em vez disso, recebe pistas falsas que atrapalham suas conversas sobre vendas, e objeções para seguir para o próximo passo e para os compromissos de venda.

Mas Parece o Mesmo

Há uma grande, grande diferença entre objeção, pergunta, questão, negociação e *rejeição*. Uma diferença enorme. O problema é que, no momento em que você pede, quando suas emoções estão em alta, pode ser difícil perceber.

No nível puramente emocional, rejeição e objeção podem e, em geral, parecem ser o mesmo. Isso acontece porque a rejeição pode ser:

- **Real:** Rejeição genuína.
- **Antecipada:** Preocupar-se com o potencial para rejeição pode abrir as portas para uma onda de emoções disruptivas.
- **Percebida:** Confundir uma objeção, pergunta ou tentativa de negociação pode produzir uma resposta neurofisiológica e emocional natural que o faça se sentir rejeitado.

É a antecipação ou a percepção da rejeição que faz uma objeção parecer uma rejeição.

Claro que eu poderia tentar racionalizar isso com você, como fiz na seção anterior, ilustrando a diferença entre uma objeção e uma rejeição. Nas salas de treinamento de vendas do mundo todo, é exatamente isso que é feito. Instrutores falam de objeções de vendas apelando para a parte racional de seu cérebro. Eles aconselham você a não tomar as objeções como algo pessoal — deixá-las de lado.

Objeções

De forma similar, os especialistas em vendas são enfáticos ao dizer para você engrossar ou pedir para sair. Mas esse ruído é praticamente ineficaz. Se falar para os vendedores aguentarem o tranco e não levarem as objeções para o lado pessoal funcionasse, todos seríamos campeões em pedir o que quiséssemos e contornar o *não*. Acredito que é completamente falso dizer a você que pode apenas estalar os dedos, se desapegar da rejeição e deixá-la de lado.

Não há dúvida de que você pode se tornar inspirado e motivado o suficiente para entrar de cabeça na rejeição seguindo um discurso motivacional ou uma mensagem sólida. O problema é que esse tipo de motivação é, no melhor dos casos, temporário. Sem técnicas sustentáveis para dominar suas emoções disruptivas, você rapidamente voltará a um estado mais natural, em que contorna as fronteiras da rejeição ou as evita de todo modo.

Instrutores e especialistas em vendas dizem coisas como "Apenas deixe isso de lado", porque é mais fácil oferecer chavões e intelectualizar a dor da rejeição (real, antecipada ou percebida) do que reconhecer que essas emoções *são reais* e ensinar às pessoas como lidar com elas.

Conversar sobre por que não se deve levar as objeções para o lado pessoal não remove ou apaga a dor emocional que você *realmente* sente. A não ser que seja um psicopata sem emoções, a rejeição dói, e as objeções ardem.

A verdade mesmo, que ninguém lhe diz, é que a dor que você sente em resposta à rejeição — antecipada, percebida ou real — é tão *biológica* quanto emocional.

O fato é que você pode ser capaz de evitar essa dor no curto prazo se distanciando de qualquer coisa que se pareça com uma rejeição. Mas ser incapaz de prover para sua família, atrasar o pagamento do financiamento, trabalhar em um emprego sem futuro, ser despedido, não conseguir atingir seu verdadeiro potencial ou sentir arrependimento (a única emoção que não pode ser resolvida) pode doer muito mais no longo prazo.

Para ter sucesso, você precisa pedir o que quer e aprender estratégias para lidar com as repercussões.

- O primeiro passo desta jornada é obter um entendimento claro sobre as origens do medo da rejeição e uma consciência de como ele se manifesta e não o deixa avançar em sua carreira de vendas.
- O próximo passo é conscientizar-se das próprias emoções disruptivas e dos gatilhos emocionais.
- Por fim, você precisará de um conjunto de estruturas e estratégias para controlar suas emoções disruptivas quando receber objeções, possibilitando-lhe contornar mais efetivamente o *não*.

6 | A Ciência por Trás da Ferida

Não deveríamos romantizar a rejeição. Não há nada de romântico. Ela é horrível.

— Marlon James

A gênese de muito do nosso comportamento — bom e mau, destrutivo e efetivo — está fora do alcance de nossas mentes conscientes. Agimos, mas não temos consciência do porquê, a não ser que escolhamos nos sintonizar e observar.

A consciência é a escolha intencional e deliberada de monitorar, avaliar e modular suas emoções para que suas respostas emocionais às pessoas e ao ambiente a seu redor sejam coerentes com suas intenções e objetivos. A consciência de por que você teme as objeções começa com uma compreensão intelectual da ciência por trás da ferida.

Eu quero que você imagine que estivesse vivo 40 mil anos atrás. Você vive em uma caverna com um grupo de pessoas em uma comunidade de caçadores e coletores no que hoje é a França. É um mundo perigoso. As tribos vizinhas lutam e competem por recursos escassos. Enquanto você está caçando o jantar, geralmente alguém está caçando você. É um mundo brutal, em que o mais forte sobrevive.

Você depende de sua tribo para tudo. Você não pode sobreviver sozinho. Se for expulso da caverna, no escuro, você não terá fogo, comida, proteção ou companhia. Seria essencialmente uma sentença de morte. Esse é um mundo difícil de imaginar em nossa sociedade moderna, dominada pela tecnologia, em que comida, abrigo, transporte e até mesmo companhia estão na ponta dos nossos dedos com um clique ou um deslizar na tela de nosso smartphone.

Foi ali, naquele antigo mundo desumano e impiedoso, que os seres humanos desenvolveram a sensibilidade à rejeição. A dor da rejeição serviu como um sistema de alarme antecipado de que o perigo de ser marginalizado ou banido da caverna era iminente caso o comportamento de alguém não mudasse. Era um mecanismo de sobrevivência simples, mas poderoso.

Os seres humanos que desenvolveram sensibilidade à dor da rejeição foram capazes de funcionar mais efetivamente em grupos. Eles tinham maior probabilidade de sobreviver e passar adiante seu DNA. Assim, o medo da rejeição se tornou uma vantagem competitiva evolucionária.

No curso da história humana, ser banido era considerado pior do que a morte. A história antiga em geral descreve a situação assim. Embora hoje ser banido seja bem diferente de uma sentença de morte, essa mesma dinâmica ainda funciona. A rejeição permanece sendo uma emoção dolorosa que nos ensina a agir e nos adequar às normas do grupo.

Uma Resposta Biológica

Isso também explica por que os seres humanos acham mais fácil lembrar e vivenciar novamente a rejeição do que outras emoções, até mesmo a dor física. Seu cérebro prioriza a dor da rejeição porque se lembrar dessa dor alerta você para não repetir os erros socialmente danosos e encarar a ira de seus vizinhos.

É a capacidade de evocar as mesmas sensações de forma vívida o que torna a rejeição uma emoção única entre os seres humanos. Se você buscar a memória de uma rejeição passada, achará fácil reativar e reviver os mesmos sentimentos dolorosos que sentiu à época. O mesmo não é verdade para outras emoções. Você pode se lembrar, mas é difícil revivê-las.

Eis por que discutir minha formatura do ensino médio é tão difícil para mim e por que a memória da rejeição (percebida ou real) faz com que os vendedores percam sua confiança para pedir.

A rejeição é diferente de outras emoções. Enquanto as outras emoções que você sente se originam e vivem no centro emocional do seu cérebro, chamado sistema límbico, a rejeição ativa as áreas do seu cérebro conectadas à dor física. A rejeição, diferente de todas as outras emoções, emite a dor física[1], e por isso dói tanto. Os cientistas descobriram que tomar Tylenol reduz a dor da rejeição, mas não tem impacto nas outras emoções.[2]

A rejeição evoluiu como resposta biológica nos seres humanos porque era vital para nossa sobrevivência. Mas a rejeição reside em um paradoxo. É ao mesmo tempo uma professora poderosa e uma força debilitante, que pode destruir seus sonhos.

Com efeito, é uma faca de dois gumes. Por um lado, ajuda você a se tornar socialmente hábil para que conviva com os outros seres humanos. Por outro, aciona uma onda de emoções disruptivas que reduzem sua habilidade de atingir suas metas.[3] Em nenhuma outra situação isso é mais verdadeiro do que na área de vendas.

A Eterna Insatisfação Humana

Todo ser humano tem uma insatisfação constante e inalcançável de se sentir importante — saber que somos necessários e pertencemos a um grupo. Essa necessidade de se sentir importante é a singularidade do comportamento humano. Tudo que fazemos — de bom e ruim — gira em torno dessa insatisfação constante.

É essa necessidade de se sentir aceito que torna a rejeição um desestabilizador emocional poderoso. Quando você é rejeitado, subitamente se sente só — desconectado. Você acredita que é a única pessoa que sente essa dor. Sua conversa consigo mesmo se torna negativa. Você começa a atacar seu valor pessoal e a destruir sua autoestima — gerando insegurança. Seu desejo emocional de pertencer se torna mais agudo, criando as emoções disruptivas de apego, ansiedade e desespero.

Nesse triste espiral descendente, você se torna irascível, e suas emoções disruptivas só servem para criar ainda mais rejeição.[4] Isso, por sua vez, leva à depressão, tristeza, ciúmes, isolamento, inveja, culpa, vergonha e ansiedade; o julgamento e a consciência da situação sofrem.

Dentro dessa tempestade emocional, você pode até ficar com raiva e descontar em outras pessoas.[5] Inúmeros estudos mostraram que as pessoas que foram rejeitadas, mesmo que levemente, possuem uma tendência perturbadora de agredir outras pessoas, incluindo transeuntes inocentes. Até o cirurgião geral dos Estados Unidos emitiu um relatório sobre o impacto da rejeição na violência adolescente.

Em estudos em que os participantes foram rejeitados por estranhos, e mais tarde souberam que os estranhos eram apenas pesquisadores e que a rejeição não era real, os participantes ainda se sentiam rejeitados. Em outros experimentos, em que diziam aos participantes que a pessoa que os rejeitou era membro de um grupo abjeto e desprezível, como a Ku Klux Klan, as pessoas continuavam a sentir a picada da rejeição.[6]

Esses estudos ilustram o maior problema com a rejeição. Ela não pode ser racionalizada; não responde à razão. É por isso que pedir para você não levar algo para o lado pessoal não resolve.

7 | A Maldição da Rejeição

Fazer um pouco de cada vez é a melhor maneira de passar por qualquer coisa mentalmente dolorosa. A mente não consegue lidar com um iceberg gigante de dor à sua frente, mas suporta pequenas pepitas que terão um fim.

— Joe De Sena

Então, chegamos aonde você queria. É aqui que os problemas para os profissionais de vendas começam. Evitar a rejeição está no nosso DNA — isso é biológico, inicialmente, depois, emocional e, ao longo do tempo, aprendido através da experiência.

- Como seres humanos, somos programados para sentir dor quando somos rejeitados.
- Essa dor promove o medo, que pode ser antecipado, percebido ou real.
- Os primeiros seres humanos que desenvolveram maior sensibilidade à rejeição tinham maior probabilidade de passar seu DNA adiante, de forma que a evolução recompensou esse traço.
- Mesmo na sociedade moderna, a dor da rejeição nos ensina como agir de forma apropriada em público, como trabalhar em grupos, como fazer amigos e como nos adequar.

No entanto, na área de vendas:

- A disciplina mais importante é pedir.
- Quando você pede, haverá objeções.
- A antecipação das objeções desencadeia o medo da rejeição.
- Objeções não são rejeições, mas as sentimos dessa forma.
- A rejeição percebida, que acontece quando você recebe uma objeção, desencadeia um fluxo de emoções disruptivas.
- Nada requer um nível mais alto de controle emocional do que pedir algo e lidar com objeções em seguida.

Isso nos leva novamente à lição mais importante deste livro:

Em cada conversa de vendas, a pessoa que exerce mais controle emocional tem a maior probabilidade de obter o resultado que deseja.

Você deve ter o controle das suas emoções antes de poder influenciar as de outras pessoas. Superar o *não*, em todas as suas formas, começa e termina com o controle emocional.

Vendas São uma Profissão Antinatural

Em seu brilhante livro, *Saber Vender É da Natureza Humana*, o autor Daniel Pink defende que vender é parte fundamental de quem somos enquanto seres humanos. E ele está certo. Vender é uma parte natural de trabalhar e viver em grupos. Estamos todos vendendo, o tempo todo. A maior parte do tempo, sob a forma de convencer nossos filhos, cônjuges, familiares, amigos, colegas de trabalho e chefes a aceitar nossas ideias e concordar com nossas demandas.

É aqui que a rejeição, sutil e direta, nos guia para o caminho mais eficiente para atingir nosso objetivo.

A rejeição:

- Nos ensina como ajustar nossos pedidos para termos o que queremos.

- Nos diz quando estabelecer um meio-termo e negociar.
- Indica quando nosso pedido, ou ideia, nunca será aceito.
- Nos avisa quando estamos quase chegando ou já atravessamos o limite, discutindo nosso lado da questão.
- Revela os limites nos nossos relacionamentos pessoais.

Contudo, em vendas é diferente. No ambiente pleno de rejeição das vendas profissionais, ela age menos como um guia e mais como uma parede. Quando você bate na parede, não consegue dar a volta e retornar. Você não pode ficar ali e não fazer nada. Você deve achar uma forma de contornar — pelo lado, por cima, por baixo ou através do *não*.

Vendas são uma das profissões mais difíceis do planeta, porque para ter sucesso você *deve* buscar a rejeição. Na área de vendas, você deve gerenciar seu medo natural da rejeição, pedir o que quer e encarar a potencial rejeição de cara limpa. Não é um estado natural para os seres humanos.

Esteja você no início do pipeline, prospectando, pedindo próximos passos no processo de vendas ou solicitando compromissos de compra, seu trabalho pede que você seja um imã de rejeição.

Lutar ou Fugir — A Origem das Emoções Disruptivas

A biologia que impulsiona as respostas neurofisiológicas e emocionais para a rejeição é poderosa. Em situações em que você ativa e intencionalmente se coloca em posição de receber objeções e, potencialmente, rejeição, você sente medo. Seu pulso se acelera, a respiração torna-se fraca e a ansiedade aumenta.

As forças evolucionárias que desencadeiam um mar de emoções disruptivas começam a aparecer. A resposta neurofisiológica a uma ameaça de rejeição torna desafiador manter a confiança e a compostura. Controlar a atenção é difícil. É difícil pensar. Estudos provaram que seu QI diminui quando você está preocupado com a rejeição — um problema grande quando você precisa de 100% de sua acuidade intelectual para superar uma objeção e manter suas atividades em pleno funcionamento.

Na atmosfera emocionalmente carregada de uma ligação de vendas, emoções descontroladas podem se tornar seu maior inimigo. Antes de pedir, enquanto você está pedindo, durante a objeção, no silêncio que se segue, e enquanto você luta para superar o *não*, você está tomado por emoções disruptivas.

O cérebro humano, a mais complexa estrutura biológica na Terra, é capaz de coisas incríveis. Contudo, apesar de sua complexidade quase infinita, seu cérebro está sempre focado em uma responsabilidade muito simples — protegê-lo de ameaças para mantê-lo vivo.

Foi o Dr. Walter Cannon, professor de Harvard e psicólogo, que cunhou inicialmente o termo *reação de lutar ou fugir* para descrever como o cérebro reage a ameaças. Essa resposta, em dadas circunstâncias, pode salvá-lo da morte certa, mas, em outras, desencadeia uma onda de emoções disruptivas que o desnorteiam quando você está lidando com objeções de vendas.

Lutar ou fugir é sua reposta instintiva e autônoma que o leva a manter-se firme e lutar ou correr para longe quando ameaçado. Seu cérebro e corpo respondem a dois tipos de ameaças:

- **Físicas:** Ameaças à sua segurança física ou à de alguém próximo a você.
- **Sociais:** Ameaças à sua posição social, como ser banido do grupo, estar mal na frente dos outros, não aceitação, desmerecimento, ostracismo e rejeição.

A reação lutar ou fugir é insidiosa, porque é uma resposta neurofisiológica que se sobrepõe ao pensamento racional. Ela começa na amígdala — o centro sensorial do cérebro.

A amígdala (que está localizada no sistema límbico, ou centro emocional do cérebro) interpreta a ameaça a partir de um dado sensorial e alerta o cerebelo (a parte autônoma de seu cérebro) da ameaça. O cerebelo desencadeia a liberação de neuroquímicos e hormônios, incluindo adrenalina, testosterona e cortisol, na sua corrente sanguínea, para prepará-lo para ficar no lugar e lutar ou fugir.

Seu coração se acelera, a pele cora e as pupilas se dilatam. Você perde a visão periférica, seu estômago se aperta, os vasos sanguíneos se contraem, a digestão desacelera e você começa a tremer.

Para preparar seu corpo para se defender, o oxigênio e os fluxos sanguíneos ricos em glicose vão para seus músculos. No entanto, como só há um tanto a ser movido, o sangue sai de órgãos não essenciais e segue rumo aos músculos.

Uma dessas áreas não essenciais das quais o sangue é drenado é o seu neocórtex — o centro lógico e racional do cérebro. Ocorre que, do ponto de vista evolucionário, considerar suas opções não é positivo quando você está lidando com ameaças. Você precisa se mover rapidamente para ficar vivo.

À medida que o sangue se esvai do seu neocórtex, sua capacidade cognitiva fica semelhante à de um macaco bêbado. Nas garras do lutar ou fugir, você não consegue pensar, tropeça nas palavras e se sente fora do controle. Sua mente gira, as palmas suam, o estômago se contrai e os músculos ficam tensos.

Se sua resposta é lutar, você pode se tornar defensivo, raivoso, irritado, e atacar verbalmente o potencial cliente. Você pode cortar a outra pessoa para defender sua visão — diminuindo sua significância e acionando a reatância. A discussão resultante encerra o processo de contorno da objeção.

Se sua resposta for fugir, você se torna passivo, e não assertivo, quando pede compromissos, desiste nas negociações e se mostra inseguro e fraco quando trabalha as objeções.

No modo lutar ou fugir, sem intervenção racional, você é consumido pelas emoções disruptivas e perde o controle. Você atinge o muro das objeções e cai para trás, atordoado e confuso. Da prospecção, em

Objeções

cada passado, na negociação e no fechamento, falhar em gerenciar e controlar emoções disruptivas é a maior razão pela qual os vendedores estragam tudo.

O desafio que você e todo ser humano na Terra devem enfrentar é que temos zero controle sobre a situação de lutar ou fugir e suas desconfortáveis e, em geral, dolorosas manifestações. Lutar ou fugir ocorre sem seu consentimento.

Isso não quer dizer que você não pode gerenciar suas emoções — apenas que a resposta neurofisiológica lutar ou fugir está além do seu controle. A chave é aprender táticas e estratégias que permitam que você coloque seu neocórtex (a parte racional do cérebro) no controle para que possa se sobressair a essas emoções disruptivas, ter compostura novamente, controlar seus instintos e escolher sua resposta.

8
À Prova de Rejeição

Ninguém pode fazer você se sentir inferior sem o seu consentimento.
— Eleanor Roosevelt

Imagine que você esteja sentado em casa quando de repente a campainha toca. Você não estava esperando ninguém.

Começa a passar uma série de imagens em sua mente, considerando quem pode estar na porta — um vendedor, testemunha de Jeová, escoteiros mirins, vizinhos, correios? Você pode temer o pior e achar que é um criminoso que quer roubá-lo.

Com um misto de curiosidade e receio, você abre a porta. Mas não é nenhuma das coisas que você imaginou. Ali, em pé diante de você, está um jovem chinês de cabelo cuidadosamente penteado usando chuteiras. Com certa suspeita na voz, você pergunta: "Posso ajudá-lo?"

Portando um sorriso aberto, ele responde: "Sim, eu vim lhe pedir para gravar um vídeo meu jogando futebol no seu quintal."

Pare por um momento e considere sua reação a tão estranho e inesperado visitante. Então, se coloque no lugar da outra pessoa e imagine como seria ser quem está pedindo. Ambos nesse estranho momento estariam carregados de emoções disruptivas.

Objeções

Essa é, por sinal, uma história verdadeira. Foi assim que Jia Jiang se tornou à prova de rejeição.[1] Voltaremos a Jia Jiang em um instante, mas antes vamos rever:

- Quando escolhe uma carreira em vendas, você está aceitando buscar a rejeição.
- Buscar a rejeição não é natural para os seres humanos.
- Na área de vendas, para ter o que deseja, você precisa pedir por isso.
- Quando você pedir coisas, as pessoas dirão não.
- A única forma de evitar ser rejeitado é nunca pedir.
- Assim, para ser bem-sucedido, você deve dominar a disciplina de pedir e as habilidades para superar o não.
- Objeções não são rejeições, mas parecem.
- A rejeição desencadeia a reação lutar ou fugir, liberando uma onda de emoções disruptivas: medo, insegurança, dúvida e apego.
- Essas emoções ocorrem independentemente de sua vontade e podem prejudicá-lo nas conversas de vendas.
- Em conversas de vendas, quem exerce o maior controle emocional tem a maior probabilidade de obter o resultado que deseja.
- Assim, para virar a possibilidade de vitória a seu favor, você precisa se colocar acima de suas emoções disruptivas e dominá-las.

As Sete Emoções Disruptivas

Emoções disruptivas se manifestam em comportamentos destrutivos, que confundem o foco, mascaram a consciência da situação, causam tomadas de decisão irascíveis, levam a julgamentos errados e minam a confiança.

Estas sete emoções disruptivas o atrapalham em superar o *não*:

1. **Medo** é a causa-raiz da maior parte das falhas nas vendas. Faz com que você hesite e crie desculpas em vez de pedir o que quer de forma confiante e assertiva. O medo inibe as possibilidades de prospectar, chegar aos decisores nível C, expor potenciais objeções, ir para o próximo passo, pedir pela venda, negociar e abandonar negócios ruins. Confunde a objetividade e gera insegurança.

2. **Desespero** é uma emoção disruptiva que faz com que você se torne carente e fraco, seja ilógico e tome decisões ruins. O desespero o transforma instantaneamente em alguém indesejado e desinteressante para outras pessoas; assim, em um ciclo vicioso, ele gera ainda mais rejeição. O desespero é o pai da insegurança.

3. **Insegurança** afoga a confiança e a assertividade. Faz com que você se sinta sozinho — como se você, e só você, tivesse um grande símbolo nas costas que diz "me rejeite". A insegurança faz com que você sinta como se a rejeição estivesse espreitando em todos os cantos, o que o torna tímido — com medo da própria sombra.

4. **Necessidade de valorização** representa o desejo e a fraqueza principais do ser humano. Como seres humanos, todos temos uma necessidade contínua de ser aceitos e nos sentir importantes. A rejeição naturalmente faz com que você se sinta preterido e irrelevante. Sua necessidade egocêntrica por valorização trata a rejeição como uma ameaça, desencadeando a reação lutar ou fugir e ocasionando comportamentos irascíveis. A necessidade constante de valorização é a mãe do apego e da ansiedade.

5. **Apego** faz com que você se torne tão emocionalmente focado em vencer, ter o que quer, parecer bem na frente dos outros, querer que todos concordem com você e estar sempre certo

que você perde a noção de perspectiva e objetividade. O apego é inimigo do autoconhecimento e a origem da desilusão.

6. **Ansiedade** faz com que você se torne tão focado em agradar os outros que acabe perdendo a noção de seus objetivos de vendas. Você se rende e desiste muito cedo. A ansiedade é o caminho mais curto para você se tornar uma marionete do comprador.

7. **Preocupação** é o lado negativo da cruzada vigilante do seu cérebro para mantê-lo são e salvo. Seu cérebro foca naturalmente o negativo — o que pode dar errado — em vez do que pode dar certo. Isso por si só pode desencadear a reação lutar ou fugir e o fluxo de emoções disruptivas que vem junto — baseado apenas na percepção de que algo pode dar errado. Segue-se daí a paralisia ao analisar cada possibilidade negativa e a evasão em forma de procrastinação.

Em conjunto ou individualmente, essas emoções disruptivas podem levar ao perigoso *viés de confirmação*. Esse atalho cognitivo humano faz com que você coloque seus óculos cor-de-rosa e veja apenas aquilo que reforça sua visão ilusória da situação (desculpas para você ter errado na previsão, buscado um negócio desqualificado, falhado em contornar uma objeção ou detonado uma negociação).

Vendedores que não são capazes de regular as emoções disruptivas ficam atados e são controlados por ondas emocionais, tal qual um barco sem rumo jogado ao mar em uma tempestade violenta — empurrado por onda após onda, em altos e baixos, à mercê da própria sorte.

Gerenciar emoções disruptivas é a competência mais indispensável em vendas. A arte e ciência de superar o *não* começam com o autocontrole. A combinação do entendimento da situação com a habilidade de controlar as emoções disruptivas é o segredo para dominar as objeções.

Não importa o que você venda, seja seu processo simples ou complexo, o ciclo de vendas curto ou longo, quando aprende como gerenciar suas emoções disruptivas, você ganha o poder de influenciar as emoções dos outros no crítico ponto de inflexão no qual o *não* está em jogo.

Contudo, não vamos agora varrer para baixo do tapete o quanto é difícil lidar apropriadamente com as emoções disruptivas. Como seres humanos, todos já estivemos nesse barco sem rumo, balançando impotentes por causa de emoções fora de controle. Todos dissemos ou fizemos coisas nesses momentos das quais, em retrospecto, nos arrependemos. Evitamos a verdade. Fomos atingidos por uma forte objeção e gaguejamos, buscando as palavras certas, no meio da reação de lutar ou fugir.

Todos já estivemos nessa situação, pois somos todos seres humanos.

É fácil falar sobre gerenciar emoções disruptivas em clichês sem emoção, como *deixe de lado*, mas é algo completamente diferente sufocar suas emoções e contornar uma objeção quando tudo dentro de você só quer fugir. O intelecto, o pensamento racional e o processo se afogam no mar de emoções disruptivas e instinto subconsciente do ser humano.

Desenvolva Consciência de Si

Você se torna à prova de rejeição quando aprende a dominar suas emoções. Primeiro, toma consciência de que a emoção está ocorrendo e depois permite à parte racional de seu cérebro assumir o leme, compreender a emoção, superar seus efeitos e escolher seu comportamento e resposta.

A origem de muitos dos nossos comportamentos está nos limites das nossas mentes conscientes. Agimos, mas não temos consciência do porquê, a não ser que escolhamos nos sintonizar e ficar conscientes. Consciência é a escolha intencional e deliberada de monitorar, avaliar e modular a emoção para que suas respostas emocionais para as pessoas e o ambiente a seu redor sejam coerentes com suas intenções e objetivos.

Você se lembra de Jia Jiang, da história na abertura deste capítulo? A forma que ele encontrou para se tornar à prova de rejeição foi desenvolver a consciência intencional.

Objeções

Jiang intencionalmente buscou a rejeição fazendo ridículos e assustadores pedidos para estranhos. À cada passo, ele fazia um vídeo de sua resposta física à rejeição e relatava sua resposta emocional em um blog público. À medida que enfrentava cada nova rejeição e monitorava sua resposta, ele se tornava mais consciente de suas emoções — como ele se sentiu antes, durante e depois.

Jia Jiang aprendeu que há uma diferença entre experimentar emoções e ficar preso nelas. A consciência o ajudou a ganhar controle cognitivo e racional sobre suas emoções e escolher suas ações. Enquanto era fustigado pelas tempestades emocionais ativadas pela rejeição que ele buscava, aprendeu a assumir o leme e mudar o rumo do navio.

A consciência começa quando você aprende a prever a ansiedade que vem logo antes de pedir o que quer. Quando desenvolver essa percepção, pratique administrar conversas consigo mesmo e as reações físicas ativadas por esse medo. Concentre-se em superar suas emoções e se tornar um observador desapegado e imparcial.

Essa consciência o ajuda a controlar suas reações, apesar de suas emoções vulcânicas estarem entrando em erupção sob a superfície. Como um pato na água, você aparenta calma e tranquilidade, e projeta uma postura relaxada e confiante do lado de fora, apesar de estar pedalando freneticamente sob a superfície.

A consciência de si mesmo abre as portas para o autocontrole.

Visualização Positiva

Seu cérebro está programado para prever e habitar os piores cenários possíveis. Ao encarar uma tarefa emocionalmente desagradável, é da natureza humana começar a projetar resultados ruins em sua mente. Mesmo sem qualquer intervenção racional, essas narrativas internas podem levar a profecias que acabam se concretizando.

Por exemplo, Lisa espera encontrar resistência em uma ligação de prospecção. Essa visualização negativa a faz ficar insegura. Sem confiança, ela faz a ligação de forma hesitante. Quando o potencial comprador a atende, ela balbucia as palavras, assumindo uma postura questionável e patética. O cliente potencial a atropela. Lisa está abalada e espera ter mais resistência na próxima ligação. Agora, ainda mais insegura, ela atrai a rejeição como um ímã.

"Como o cérebro se concentra muito mais em ameaças e perigos do que nas oportunidades de recompensa, é importante atentar deliberadamente para as possibilidades positivas", aconselha Scott Halford, em seu livro *Activate Your Brain*.[2] Caso Lisa tivesse abordado o telefonema com confiança, apenas sua postura já seria suficiente para reduzir a resistência e gerar um resultado mais positivo.

É por essa razão que atletas de elite[3] e vendedores de elite empregam visualização para *pré-programar* o subconsciente. Quando você visualiza o sucesso, ensina a mente a agir de uma forma coerente com a realização desse sucesso.[4]

Primeiro concentre-se na respiração. Desacelere. Então, no fundo de sua mente, faça um passo a passo de cada parte da ligação. Foque como você se sente confiante. Imagine o que você vai falar, o que vai pedir. Visualize-se tendo sucesso. Repita esse processo de novo, e de novo, até ter treinado sua mente para dominar as emoções disruptivas que o detêm.

Gerencie Seu Diálogo Interno

Às vezes (especialmente na prospecção), não importa quão legal ou profissional você seja, a pessoa do outro lado da linha vai mandar você "se ferrar", gritar "Nunca mais me ligue!" ou dizer "Vou comprar algo da sua empresa no dia de São Nunca!". Eles podem bater a porta na sua cara, expulsá-lo do prédio, responder a seus e-mails com uma nota desagradável ou desligar o telefone abruptamente.

Às vezes, as pessoas são rudes, curtas e grossas, e atacam você de forma direcionada e pontual. Às vezes, é porque você as pegou em um dia ruim — o chefe pôs os números do último trimestre na mesa delas e disse que são perdedoras sem futuro. Às vezes, você é tão somente um Judas de conveniência para suas frustrações e desprezo por si próprias.

Quando você é tratado dessa forma, é natural remoer a situação e repetir a conversa em sua cabeça várias vezes. Você sente vergonha, raiva, desejo de vingança e tantas outras emoções disruptivas.

Você projeta suas emoções no potencial cliente e cria uma história em sua cabeça sobre o que ele falou, fez ou pensou depois de bater o telefone, apagar seu e-mail ou chutar você porta afora. Você o imagina rindo de você ou soltando fumaça pelo nariz porque você o perturbou.

Enquanto isso, ele nem se lembra de você. Ele seguiu adiante no momento em que bateu o telefone e não pensou em você duas vezes. Você foi apenas um flash de luz — uma interrupção momentânea e insignificante no dia dele.

É difícil retomar o foco e continuar em movimento quando um potencial cliente é horrível com você. Dói. É tudo em que você consegue pensar. Você fantasia em ligar de novo para ele e mandá-lo ir se F@*%#! A raiva invade seus pensamentos e o mantém acordado a noite inteira se remoendo. Seu dia de vendas desmorona enquanto você se afunda na raiva, angústia e ansiedade.

De acordo com Amanda Chan, citando a pesquisa do psicólogo Guy Winch: "Muitas vezes, a rejeição faz 50% do dano, e *nós* fazemos os outros 50%."[5] O maior mal que a rejeição pode causar é, em geral, infligido por nós mesmos. No momento em que nossa autoestima está ferida, damos mais uma cutucada.

Há um fluxo contínuo, sem fim, de conversas dentro de sua cabeça, definindo suas emoções e ações externas. A conversa que você tem consigo mesmo reforça sua atitude, fortalece seu sistema de crenças e gera uma mentalidade vencedora ou desencadeia emoções destrutivas.

Diferente das emoções que são ativadas sem você se dar conta, o diálogo interno está completamente sob seu controle. *Você* escolhe pensar positiva ou negativamente. Erguer-se do chão ou desmoronar. Ver um copo meio cheio ou meio vazio. Ser realista ou delirante.

Sente-se em silêncio e ouça a conversa em sua cabeça — as palavras que está usando, as perguntas que está fazendo. Então, decida mudar essas palavras para respaldar a imagem de quem você quer ser, como quer agir e como quer se sentir. Decida se manter sintonizado com sua voz interior. Quando ela se tornar negativa, pare e mude o rumo da conversa.

Uma forma de fazer isso é criar uma rotina de recuperação. Encontre algo que o deixe animado e o ajude a recobrar sua confiança depois de ser rejeitado. Pode ser uma citação motivacional, uma afirmação, um amigo para quem você liga, uma música que ouve ou exercício que faz. Desenvolva uma rotina que tire você da fossa e o recoloque nos trilhos.

Ao longo dos anos, desenvolvi uma rotina simples que me ajuda a voltar aos trilhos quando alguém me atinge com uma rejeição ríspida. Atrás da minha mesa há uma ficha catalográfica antiga colada na parede. O papel amarelou e as palavras esmaeceram um pouco, porque venho carregando a ficha comigo há 25 anos. No cartão há sete letras — PRÓXIMO.

Mude Sua Fisiologia

Estudos sobre o comportamento humano de praticamente todo canto do mundo acadêmico provaram por diversas vezes que podemos mudar como nos sentimos ajustando nossa postura física. Em outras palavras, seus sentimentos podem ser definidos por sua fisiologia.

Quando você imagina que será rejeitado, tende a encolher os ombros, abaixar o queixo e olhar para o chão — sinais físicos de insegurança e fraqueza emocional. Essa mudança na postura faz você *parecer* menos confiante para os outros e se *sentir* menos confiante.

Uma mudança na postura não só transforma as emoções[6], mas também desencadeia uma resposta neurofisiológica.[7] Sabemos que os hormônios cortisol e testosterona possuem um papel significativo na criação do sentimento de confiança.

Uma pesquisa feita pela Dra. Amy Cuddy, da Universidade de Harvard, demonstrou que "posturas de poder", ou seja, ficar em pé em uma postura de confiança, mesmo quando você não se sente confiante, impacta os níveis de testosterona e cortisol no cérebro, influenciando a confiança.[8]

Mães, professores e técnicos sempre souberam essa verdade básica. Eles têm dado o mesmo conselho por anos. *Mantenha seu queixo erguido. Ponha seus ombros para trás. Sente-se direito e você se sentirá melhor.*

Quando você se veste bem, se sente mais confiante. Essa é uma das razões principais para eu usar ternos feitos sob encomenda quando subo no palco para falar. Quando você põe seus ombros para trás e ergue o queixo, parece e se sente mais confiante. Use palavras, frases e um tom de voz assertivo e presuntivo, e você ficará mais poderoso e terá mais credibilidade — e será mais provável receber um *sim* quando pedir o que quer.

Mantenha-se em Forma

Assim que você baixa sua guarda, as emoções começam a rolar soltas — especialmente se você estiver cansado, com fome e fisicamente exausto.

Regular e gerenciar emoções disruptivas é cansativo. Contornar o obstáculo emocional da rejeição requer uma tremenda quantidade de energia mental. Sua energia mental é limitada por sua resiliência física.

Os profissionais de vendas gastam um tempo excessivo sentados olhando para telas. Com o aumento das vendas internas e o avanço de tecnologias, como vendas por vídeo, e-mail e mídias sociais, os vendedores passam menos tempo em pé do que nunca. Ficar o dia todo sentado olhando para uma tela impacta sua capacidade mental e desacelera suas respostas, tanto físicas quanto mentais, em situações emocionalmente carregadas.

Manter-se em forma aumenta autoestima, pensamento criativo, clareza mental, confiança e otimismo. Torna você mais ágil e adaptativo, e o ajuda a ter disciplina para manter o controle emocional. Quando você se exercita regularmente, se sente mais confiante. Quando se mantém fisicamente em forma, também fica emocionalmente em forma.

Uma avalanche de pesquisas científicas prova que de 30 minutos a uma hora por dia de exercícios o mantêm em forma e lhe fornece resiliência física. Mas, mesmo que você não seja capaz de fazer tal investimento, considere a metodologia QCEMN — *qualquer coisa é melhor que nada.*

Fique em pé quando estiver no telefone. Nas pausas, ou entre as reuniões, ande em torno do seu prédio em vez de se sentar na sala do café ou no auditório para fofocar. Vá de escada. Estacione na parte de trás do estacionamento e caminhe. Faça 25 flexões de braço. Dê uma volta de bicicleta em torno do quarteirão.

No mundo acelerado e estressante das vendas, pode ser difícil se alimentar bem. Comer mal é como colocar gasolina ruim em um carro de corrida de alta performance. Para ganhar a força mental e a resiliência para controlar suas emoções, você precisa encher o tanque com combustível de teste de foguete.

Encher o tanque cedo é a chave — começando com o café da manhã. É fácil pular refeições quando você está com pressa, mas se permitir ficar com fome é um grande, grande erro. Você perde a acuidade mental e o controle emocional quando está com fome.

Nada impacta mais sua habilidade de lidar com a rejeição de forma confiante do que o sono. A privação do sono tem um impacto profundo na sua habilidade cognitiva e degrada sua inteligência emocional. Você se torna suscetível a oscilações emocionais.

Os seres humanos precisam de algo entre sete e nove horas de sono toda noite para atingir sua melhor performance. Atualmente, no entanto, parece ser digno de uma medalha viver dormindo pouco. Arianna Huffington, a cofundadora e editora-chefe do *Huffington Post*, opina que "estamos no meio de uma crise de privação de sono. Apenas pela renovação do nosso relacionamento com o sono podemos retomar o controle de nossas vidas".

Muitos tipos de coisas ruins lhe acontecem quando não está conseguindo dormir o suficiente. No longo prazo, você se torna mais suscetível a baixas imunológicas, obesidade, doenças cardíacas e desordens de humor, e sua expectativa de vida também cai. "Viver com a mentalidade 'dormirei quando estiver morto' pode levar você até lá bem mais rápido!", diz Joe De Sena no seu livro *Spartan Up! A Take-No-Prisoners Guide to Overcoming Obstacles and Achieving Peak Performance in Life*.

Aperte o Pause e Se Recomponha

Já explicamos que a reação lutar ou fugir é involuntária. A adrenalina correndo em sua corrente sanguínea é liberada sem que você se dê conta. Nesse estado, com seu corpo e cérebro embebedados de neuroquímicos, é muito difícil manter sua compostura emocional.

No entanto, a adrenalina vive pouco. A reação lutar ou fugir destina-se somente a tirá-lo do perigo imediato para que você possa considerar racionalmente suas opções e fazer o próximo movimento. O segredo para retomar o controle das emoções disruptivas rapidamente é deixar a parte racional de seu cérebro chegar à situação e comandá-la.

No seu livro *Alquimia Emocional*, Tara Bennett-Goleman chama isso de "quarto de segundo mágico"[9], o que lhe permite controlar as emoções disruptivas que sente para não deixá-las virem à tona como reações emocionais.

Em situações que evoluem rápido, para lidar efetivamente com as emoções disruptivas, você precisa apenas de um milissegundo para a parte lógica de seu cérebro acordar e dizer ao emocional para dar um tempo, permitindo que você retome sua postura e o controle da conversa.

A técnica mais efetiva para fazer uma pausa quando você está lidando com emoções desencadeadas por objeções é chamada de *recomposição*. Uma recomposição pode ser uma declaração, agradecimento, concordância ou pergunta. É uma técnica poderosa para ganhar controle sobre suas emoções disruptivas quando sentir o lutar ou fugir chegando.

Quando atingem você com uma pergunta difícil, pista falsa ou um desafio direto de um cliente em potencial, a recomposição concede à parte racional de seu cérebro o quarto de segundo mágico de que precisa para assumir o controle. Alguns exemplos incluem:

"Que interessante — pode me dizer por que isso é importante para você?"

"Como assim?"

"Você me ajudaria a entender?"

"Interessante — pode me explicar sua preocupação?"

"Só para ter certeza de que entendi sua pergunta, você pode detalhá-la um pouco mais?"

"Parece que você já passou por isso antes."

"Foi exatamente por causa disso que eu liguei."

"Achei que você poderia dizer isso."

"Muitas pessoas se sentem da mesma maneira."

"Eu entendo por que você se sente assim."

"Faz sentido."

A técnica da recomposição funciona porque é uma resposta memorizada e automática que não requer que você pense. Isso é importante, porque assim que nosso velho amigo lutar ou fugir assume, a capacidade cognitiva se deteriora.

Em vez de dar uma resposta atropelada e sem sentido, parecendo defensivo, rude, ignorante ou estragando o relacionamento com uma discussão, você simplesmente usa essa técnica e faz uma pergunta ou afirmação que preparou de antemão. Mostrarei como usar a técnica da recomposição com os quatro tipos de objeções nos próximos capítulos.

A Técnica Ou Isto Ou Aquilo

Durante conversas intensas, quando você está magoado, com raiva e frustrado, ou quando seu ego foi ferido, a reatância pode fazer com que você finque os pés, mantenha sua posição e defenda o seu ponto — mesmo quando ele é irracional. Enquanto isso, a pessoa do outro lado teima em defender seu posicionamento — criando uma situação intratável.

Preocupar-se com o potencial de rejeição ou antecipá-la pode fazer com que você procrastine e evite pedir o que quer. Você evita as objeções — e a verdade — em questão. Você hesita em vez de pedir pela venda.

Em qualquer caso, para alcançar seus objetivos, você deve dominar suas emoções e deliberadamente *escolher* suas ações. A chave é um processo vertical de foco naquilo que você realmente quer.[10]

A técnica ou isto ou aquilo consiste em uma pergunta simples que o desacelera quando as emoções estão no pico:

Eu quero ____(isto)____ ou eu quero ____(aquilo)____?

Alguns Exemplos:

Eu quero perder tempo em um negócio que pode nunca dar certo ou quero saber exatamente onde estou?

Eu quero viver com um pipeline vazio e uma renda baixa ou eu quero conseguir pagar meu financiamento imobiliário?

Eu quero evitar pedir a meu cliente potencial para assinar o contrato ou eu quero fechar o negócio?

Eu quero estar certo ou eu quero ganhar este negócio e embolsar uma comissão?

Eu quero me sentir significante ou eu quero que este comprador fique do meu lado e passe para o próximo passo?

A técnica ou isto ou aquilo é uma recomposição interna. É uma tática para usar no calor do momento, na qual você considera as consequências de agir conforme suas emoções disruptivas e então escolhe, de forma consciente, uma reposta mais construtiva, que leve ao resultado desejado.

Tornando-se Imune a Obstáculos

Os oficiais não comissionados riem e concordam, reconhecendo a verdade desconfortável: eles preferem levar fogo em combate do que fazer chamadas frias para os recrutas de 18 anos.

Esse é um lugar-comum nos nossos cursos de "Fanatical Military Recruiting" ["Recrutamento Militar Fanático", em tradução livre], quando confrontamos as razões que impedem os recrutadores militares de fazer uma boa prospecção. A maioria deles tem medo de assumir missões (em termos de vendas, *cotas*); não porque lhes falte talento, paixão, treinamento ou experiência. Eles falham porque têm medo da rejeição.

Para os recrutadores, falar com adolescentes e seus pais é um obstáculo emocional desanimador — pelo menos em suas cabeças. Para mim, por outro lado, fazer ligações de prospecção para adolescentes é fácil — muito mais fácil do que fazer chamadas frias de negócios, como tenho feito por toda a minha carreira. Na minha cabeça, estou fazendo um favor a eles — dando um trabalho, bolsa para a universidade e benefícios fantásticos. Eu tenho uma bolsa cheia de dinheiro que vou dar para alguém. "Quem quer?" Essa é a minha mentalidade.

Os soldados, em sua maioria veteranos de combate, sentem medo. Fazer chamadas frias para os recrutas em um ambiente que eles não controlam nem entendem cria um obstáculo emocional intransponível.

Parece completamente irracional pensar que esses corajosos homens e mulheres, que suportaram o ambiente hiperemocional de um campo de batalha, em que a morte está à espreita em cada canto, tenham medo de ser rejeitados por adolescentes. Não faz o menor sentido eles preferirem encarar balas do que uma potencial rejeição.

Objeções

Só de pensar em correr para dentro de uma saraivada de balas, já fico com medo. Ir para o campo de guerra ou fazer uma chamada fria? Eu encararia a rejeição com prazer. Afinal de contas, não conheço ninguém que tenha ficado com transtorno de estresse pós-traumático (TEPT) por causa de chamadas frias.

Contudo, há uma razão para esses soldados se sentirem assim. Os militares preparam os soldados para lutar antes de enviá-los para as zonas de guerra. Nas lutas armadas, os soldados gerenciam de fato sua reação lutar ou fugir e correm direto para situações perigosas que fariam a maioria das pessoas congelar no lugar ou correr — possivelmente, fazendo com que outras pessoas morressem.

Antes de mandá-los para o combate, os militares testam os soldados em infinitos treinos com munição viva e situações de combate falsas. Esse treinamento os condiciona a controlar suas emoções e ficar imunes ao medo na batalha. Eles aprendem o ritmo da batalha, as estruturas operacionais e as formas de responder em tiroteios. Eles testam, e testam até essas respostas ficarem mecânicas, automáticas.

Para os recrutadores militares, o estalo surge quando faço o paralelo entre como eles aprenderam a ser imunes ao obstáculo do medo no campo de batalha e como aplicar a mesma metodologia para se tornarem imunes ao medo de rejeição quando estiverem prospectando. É somente uma mudança de perspectiva.

Um obstáculo é definido como algo que obstrui ou dificulta o progresso — uma dificuldade, problema ou desafio que está no seu caminho.[11]

Durante a Segunda Guerra Mundial, Lawrence Holt, proprietário de uma frota de navios mercantes da Grã-Bretanha, fez uma observação que mostrou um padrão. Seus barcos se tornaram alvos e estavam recebendo torpedos dos U-boats alemães. Estranhamente, os sobreviventes desses ataques eram, com maior probabilidade, velhos marinheiros, e não homens mais jovens e em forma.

Esse fenômeno fez com que Holt se voltasse para Kurt Hahn, um educador que havia sido feito prisioneiro pelos nazistas na Alemanha, antes da guerra, por criticar Hitler. Holt contatou Hahn para ajudá-lo a entender por que os membros mais jovens, fortes e em forma de suas tripulações morriam em uma taxa alarmantemente mais alta na sequência dos ataques.

O que Holt e Hahn finalmente concluíram foi que as diferenças entre os dois grupos eram resiliência emocional, confiança em si mesmo e força interior. Mesmo que os homens mais jovens possuíssem força física e agilidade superiores, foi a resiliência emocional para sobreviver aos obstáculos excruciantes que ajudou os marinheiros mais experientes a sobreviver.

Hahn é famoso por dizer: "Prefiro confiar a descida de um barco salva-vidas no meio do Atlântico a um octogenário treinado no mar do que a um jovem técnico marítimo que está completamente treinado na metodologia moderna, mas nunca foi tocado pela água do mar."[12]

Os resultados levaram Hahn a fundar a Outward Bound[13], uma organização que desde então ajuda as pessoas a desenvolver força mental, confiança, tenacidade, perseverança, resiliência e defesa para obstáculos através da imersão em condições adversas.

Você se lembra de Jia Jiang? Ele havia atingido o fundo do poço. Seu sonho de se tornar um empreendedor foi fuzilado por seu profundo medo e aversão à rejeição. Envergonhado, deprimido e se sentindo solitário, ele teve uma epifania. Sua única esperança para alcançar seu sonho era encarar a rejeição de frente. Foi assim que a improvável jornada de Jiang através de 100 dias de rejeição começou.

Jiang narra como ele sistematicamente se expôs a todos os níveis de rejeição em seu livro inspirador, *Sem Medo da Rejeição*. Pedindo dinheiro, biscoitos personalizados, empregos temporários, "refis de hambúrguer" em uma lanchonete e para jogar futebol no quintal de um estranho — entre dúzias de outras coisas estranhas —, ele ficou cara a cara com os obstáculos emocionais que fariam a maioria das pessoas se contorcer.

A princípio, ele se desafiou com pedidos relativamente fáceis, chegando a solicitações progressivamente maiores e mais complexas. Foi

Objeções

sua exposição progressiva às rejeições potencial, percebida e real que o ajudou a se tornar imune a seu grande obstáculo — o medo de pedir aquilo que quer.

As Spartan Races de Joe De Sena são criadas com exatamente o mesmo propósito — tornar as pessoas imunes a obstáculos. Os participantes têm suas vontades testadas por provas desafiadoras e dolorosas. Através da adversidade e do sofrimento, eles aprendem a mudar seu estado mental e assumir o controle do medo.[14]

O autocontrole, quando você encara um obstáculo, funciona como um músculo. Quanto mais você o exercita, mais forte ele fica. Você desenvolve seu "músculo do autocontrole" se colocando em uma posição em que experimenta o obstáculo percebido e as emoções que o acompanham, de novo, e de novo.

Assim que começar a encarar voluntariamente seus medos e situações emocionais desconfortáveis, você aprenderá a romper e neutralizar a ansiedade que vem logo antes do obstáculo. Você começará a substituir, por meio de seu diálogo interno, as reações físicas decorrentes desse medo. Logo, obstáculos intransponíveis se tornam rotina.

Fica claro quando você lê a história de Jiang que muito do seu sucesso foi criado através de uma mudança de mentalidade que ocorreu à medida que ele se tornou imune a obstáculos. Ele desenvolveu um calo emocional que tornou mais difícil para a rejeição penetrar sua pele densa. Na medida em que se comprometeu com seus desafios de rejeição e perseverou através do medo, ele se tornou à prova de rejeição.

Adversidade: Seu Mais Poderoso Professor

Dados de pesquisas indicam que, quando sua autoestima e confiança estão baixas, a rejeição parece mais dolorosa e se torna um obstáculo ainda maior.[15] Infelizmente, nesse estado emocional, você se torna um ímã para a rejeição.

A maioria das pessoas concordaria que minha afirmação anterior é óbvia e clara como água. O problema é que não é tão óbvio quando você é a pessoa sofrendo de baixa autoestima. Quando a insegurança o consome, é muito, muito difícil ver os impactos negativos. Você pode saber racionalmente que precisa voltar à ativa, mas emocionalmente parece impossível encarar o obstáculo novamente.

Em regra, pessoas com autoestima mais elevada são muito mais resilientes quando encaram a rejeição. Conforme Jiang progredia em seus 100 dias de rejeição, obtinha improváveis respostas positivas. Essas vitórias elevaram sua autoestima e confiança, levando a mais vitórias.

Foi assim que a mágica aconteceu. Sua confiança tornou mais difícil para as pessoas dizerem não, o que aumentou suas chances de obter um *sim*. Ao desenvolver sua percepção, ele obteve um maior controle emocional, que lhe permitiu empregar efetivamente as táticas de influência humana que ampliaram sua probabilidade de vitória.

Outward Bound, Spartan Races, treinamento militar e Jia Jiang: todos empregam uma fórmula similar para tornar as pessoas imunes a obstáculos. Os participantes atravessam uma fortaleza de desafios progressivamente mais difíceis, em que o medo é induzido até o ponto de, em comparação, todo o resto parecer fácil. É nesse ponto que nasce a resiliência emocional.

Para se tornar à prova de rejeição:

- Você deve estar pronto e receptivo para aprender e ganhar resiliência através da via crucis da adversidade e dor.
- Você deve escolher encarar seu medo — ser imune a obstáculos é uma escolha.
- Você deve buscar a rejeição ativamente pedindo o que quer.
- Você deve passar por um estado de dissonância cognitiva, no qual lide com a dor emocional da objeção percebida, potencial e real enquanto luta com o desejo de voltar a seu estado anterior de conforto e desilusão.

Após você passar pela dissonância e dor, do outro lado terá um senso de dominância e confiança, o que leva ao aumento da autoestima e aprimoramento da performance.

Ser imune a obstáculos representa a força mental e o controle da atenção necessários para viabilizar performances de excelência, bem como uma contínua mentalidade positiva diante de qualquer adversidade. Em outras palavras, não importa o que o seu potencial cliente diga, as objeções param de impactar você. Você dá a volta rapidamente, emprega estruturas de reversão sem esforço e passa para a ligação seguinte quando as coisas não acontecem do seu jeito.

A adversidade é seu treinador mais poderoso e impactante. As coisas que o desafiam, também o transformam.

9
Evitar a Objeção É Estúpido

Não se preocupe em evitar a tentação. À medida que ficar velho, ela vai evitar você.

— Joey Adams

Sabemos que a sensibilidade à rejeição está em nosso DNA. E sabemos também que é uma tendência humana natural evitar e banir dor, sofrimento e adversidade.

Assim, a maioria dos vendedores prefere evitar objeções, porque, apesar de não serem o mesmo que rejeição, *induzem o sentimento doloroso da rejeição*.

No entanto, evitar objeções é uma estratégia de vendas extremamente estúpida. Nada é mais perigoso do que um veto silencioso de um potencial comprador — uma objeção que você não tem consciência de que existe. Poucas coisas são piores do que investir tudo que se tem em uma oportunidade e levar o golpe de uma objeção de um cliente potencial, que você desconsiderou na fase de descoberta, no último minuto. Nada custa mais do que investir dinheiro em um negócio que não será fechado.

Objeções

A fim de evitar objeções, os vendedores:

- Conversam demais em ligações de prospecção.
- Enrolam para pedir.
- Ficam presos com influenciadores de baixo nível e nunca chegam aos tomadores de decisão.
- Carecem de consciência da situação e não têm ideia de onde estão no processo de vendas.
- Não conseguem chegar ao próximo passo.
- Fazem descobertas rasas.
- Ignoram sinais evidentes de que o comprador não está muito animado com eles.
- Têm pipelines cheios de negócios empacados.
- São surpreendidos com objeções impossíveis no último minuto.
- Erram previsões consistentemente.
- Oferecem descontos sem necessidade.
- Negociam com eles mesmos.
- Gastam um precioso tempo em negócios que nunca darão certo.

Ponha a Verdade na Mesa — Cedo e Regularmente

Os vendedores evitam as objeções porque é mais fácil permanecer no conforto da ilusão do que colocar a verdade na mesa. A ilusão é uma ladra graciosa — um abrigo da rejeição quente e convidativo.

Evitar a verdade é fácil porque (pelo menos na hora) ninguém lhe está dizendo não, então não dói. É mais fácil buscar atalhos, truques, soluções mágicas e roteiros batidos do que correr na direção da rejeição. É mais fácil culpar a economia, os concorrentes, os preços altos de sua empresa, produtos, serviços, avaliações online e o chefe pelo fracasso do que encarar a realidade.

Em vez de aceitar que pedir vai gerar um *não*, e que o *não* é uma coisa boa, os vendedores se escondem atrás de justificativas como não querer parecer tão ansioso, ser vítima de um timing ruim ou preferir deixar o comprador fazer seu trabalho e comprar nos próprios termos.

Eis a verdade nua e crua: quando você escolhe a ilusão, e não a realidade, está tomando uma decisão consciente não apenas de mentir para si próprio, mas de rebaixar seus padrões e performance. Em vendas, você não pode ser iludido e bem-sucedido ao mesmo tempo. Você deve expor as objeções, cedo e com regularidade.

Deixe-me ser claro. Deixar em aberto objeções, reais e potenciais, questões difíceis, problemas, preocupações e dúvidas do seu comprador potencial não é o mesmo que criar objeções onde não existem. Não estamos falando sobre dar objeções a seu cliente potencial, ou dizer a ele tudo sobre as falhas potenciais ou questões de seu produto ou serviço.

Estamos falando sobre encorajar seus clientes em potencial a revelar suas objeções no início do processo de vendas, porque:

- Testa o engajamento e se o cliente em potencial esteve considerando o negócio seriamente.
- Permite a você seguir adiante se não há oportunidade para uma venda e investir seu tempo em um cliente melhor qualificado.
- É muito mais fácil lidar com objeções, questões e preocupações mais cedo no processo de vendas do que quando se está tentando fechar o negócio.
- Quando você tem todos os potenciais bloqueios expostos, é mais efetivo no desenvolvimento de uma proposta e mensagem que minimize essas questões.
- Objeções são parte do processo de tomada de decisão: quando os potenciais clientes falam sobre suas preocupações mais cedo, isso ajuda a vencerem os vieses naturais de *status quo* e segurança.

- Constrói confiança, porque demonstra que você tem confiança para defender seu produto ou serviço.
- Aprofunda o relacionamento, porque você se dispõe a ser aberto e colaborativo.

Quando estou prospectando no telefone, minha meta é atingir esse muro em até 20 segundos. Cerca de um terço das pessoas com quem converso dirá *sim* apenas porque eu liguei na hora certa. E cerca de um terço falará *não*, um *não* de verdade. Cerca de um terço me dará uma objeção.

Estou tentando trazer à tona o *sim*, o *não* ou a *objeção* o mais rápido possível, para que eu possa lidar rapidamente com qualquer um deles e marcar uma reunião, começar diretamente a conversa de vendas, conseguir mais informações qualificadas ou seguir adiante para meu próximo cliente em potencial.

De forma similar, no meu primeiro encontro com um potencial cliente e em todo o caminho até o fechamento, estou constantemente testando seu engajamento através de microcompromissos e próximos passos. Ofereço tantas oportunidades de dizer *não* quanto possível.

Estou forçando meus clientes em potencial a uma situação em que eles tenham que expor suas objeções. Dessa forma, posso confrontá-los, lidar com eles, tomar decisões informadas sobre meus próximos passos, eliminar surpresas e avançar com meus negócios.

Você É o Tomador de Decisão?

Uma das objeções mais difíceis de lidar é mais ou menos assim: "Obrigado pela sua apresentação. Eu realmente gostei do que você propôs, mas preciso revisar isso com meu chefe (ou comitê, cônjuge, amigo, colegas etc.) antes de tomarmos uma decisão."

Você tenta contornar a situação, pedindo uma reunião com o verdadeiro tomador de decisão, mas na maioria das vezes é muito tarde, ou o contato com quem está trabalhando não está disposto a conceder o acesso. Você teme que, se passar por cima da pessoa, possa envenenar o relacionamento e perder qualquer esperança de fechar negócio.

Como isso acontece? Como os vendedores chegam a essa situação?

Às vezes, não há forma de contornar. Você não conseguirá chegar ao tomador de decisão e ficará empacado no caminho com um influenciador. É crucial expor essa situação logo de início, para que você adapte sua estratégia e a alinhe com a realidade.

Às vezes você está lidando com pessoas enganadoras, que sabem como o jogo é jogado. Essas pessoas não têm intenção de fazer negócios com você. Estão apenas o usando para uma consultoria gratuita ou para obter informações de preços, que podem ser usadas mais tarde como uma vantagem com um concorrente seu. Vendedores em estado de desespero têm maior probabilidade de ser usados por esse tipo de pessoa.

Você expõe essas pessoas testando seu engajamento. Quando elas não estão dispostas a se engajar, resistem a conexões emocionais, recusam-se a responder a perguntas na descoberta, renegam compromissos e o fazem acelerar todo o processo, é um bom sinal para sair de perto.

Contudo, essa objeção geralmente ocorre porque os clientes em potencial ou dizem de cara ou insinuam que são os tomadores de decisão. Acreditando que isso seja verdade, o vendedor avança pelo processo de vendas apenas para ser surpreendido no final. Os vendedores criam essa situação fazendo uma pergunta mortal:

"*Você é o tomador de decisão?*"

Quando você faz essa pergunta, em 90% das vezes os clientes em potencial dirão que sim.

Por que alguém mentiria tão descaradamente para você? A maioria das pessoas não está mal-intencionada quando diz que é o tomador de decisão sem ser. Elas não estão tentando lesar você.

Quando você pergunta: "Você é o tomador de decisão?", coloca seu potencial cliente na berlinda. Isso cria um doloroso estresse mental de dissonância cognitiva. Se ele diz que não, admite abertamente que não é importante, o que conflita com a imagem de importância que tem de si e com a busca constante de sentir que faz diferença.

Então ele diz sim, porque isso faz com que se sinta significante. E você, o vendedor, reforça essa mentira com atenção. Isso funciona muito bem para as duas partes até o momento da verdade, quando você pede um compromisso, e o castelo de cartas do seu interlocutor desaba.

Se você quer a verdade, mude a forma de perguntar. Em vez de perguntar: "Você é o tomador de decisão?", use perguntas indiretas, como:

- Você pode me falar sobre suas políticas de compras?
- Podemos repassar o processo de compra?
- Como sua organização costuma tomar as decisões sobre comprar de novos fornecedores, como minha empresa?
- Como você tomou a decisão sobre esse serviço da última vez em que assinou um contrato?
- Como a decisão é tomada internamente?
- Poderia me dizer mais sobre o processo de aprovação para compras grandes como essa?
- Se você nos der o sinal verdade, o que ocorre em seguida?
- Além de você, quem mais está envolvido nessa decisão?
- Em quem você confia ou com quem se aconselha quando toma decisões como essa?
- Qual foi a pessoa cuja intuição você considerou mais valiosa no passado, quando encarou uma decisão como essa?
- Como é o processo que ocorre entre nosso contrato e um pedido?

Perguntas indiretas funcionam porque levam seus clientes em potencial a contar uma história e reduzem sua tentação de assumir o papel principal. Ainda mais importante, evita colocar eles e seus egos na berlinda, e isso dá a você uma probabilidade maior de obter uma resposta direta. Dessa forma, você sabe exatamente onde está antes de se aprofundar no processo de vendas.

Mapeando os Clientes em Potencial

Um dos grandes erros que os vendedores cometem é ser unidimensionais nos negócios. Eles se conectam com uma pessoa apenas. Não conseguir identificar, qualificar, mapear e entrar em contato com outras pessoas na conta os deixa sujeitos a objetivos desconhecidos que podem e vão empacar ou matar o negócio.

Certamente, em vendas transacionais ou de ciclo curto você geralmente estará lidando com uma pessoa, não mais que duas. Entretanto, o ciclo de clientes em potencial aumenta com:

- Maior risco da organização.
- Risco acentuado dos interlocutores individuais.
- Complexidade do produto ou serviço.
- Tamanho do ciclo de vendas.

Há cinco interlocutores, clientes em potencial, que você encontra na maioria dos negócios: **c**ompradores, **a**mplificadores, **b**uscadores, **i**nfluenciadores e **c**oaches — **CABIC** (no inglês **b**uyers, **a**mplifiers, **s**eekers, **i**nfluencers e **c**oaches — **BASIC**).

Às vezes, as pessoas assumem múltiplos papéis, e outras vezes todo mundo tem apenas um papel a interpretar. Esteja certo de que, sempre que houver potenciais clientes — não importa onde estejam no mapa —, haverá objeções. Quanto mais cedo você trouxer essas objeções à tona, mais alta a probabilidade de ganhar o negócio.

Ferramentas como ZoomInfo, DiscoverOrg e LinkedIn têm feito o processo de mapeamento de clientes infinitamente mais fácil. Começando com a prospecção inicial e coleta de informações, seguindo para qualificação e descoberta, você deve identificar e mapear CABIC. Quando

Objeções

chega a hora de identificar os clientes e suas possíveis objeções, você não deve deixar nada para o azar.

CABIC, ou BASIC™

Compradores são essencialmente tomadores de decisão, pessoas com a autoridade final de dizer sim ou não. Há dois tipos de compradores:

1. Compradores que podem autorizar o negócio, o contrato ou a ordem de compra e dizer sim para o compromisso.
2. Compradores que investem no negócio (escrevem o cheque).

Às vezes esses compradores são a mesma pessoa; às vezes, não. Por exemplo, o CIO pode ser capaz de dizer sim para uma nova compra de software, mas até o CFO concordar com a liberação dos fundos, nada ocorrerá. Um comprador corporativo pode dizer sim a seus termos, e os gerentes gerais nas locações definitivas podem dizer sim para o orçamento.

Entender essa diferença poupa você da dor e da angústia de fechar um negócio só para ver o pedido não se materializar por causa do veto silencioso e da objeção do investidor do comprador.

Amplificadores são as pessoas que veem um problema ou lacuna que seu produto pode preencher. São defensores da mudança e amplificam a mensagem, problema, dor ou necessidade pela organização. Essas pessoas podem estar em cima ou embaixo do totem corporativo e ter graus de influência variáveis no resultado do negócio.

Na maioria dos casos, sua influência é indireta. Elas usam o produto, são impactadas por problemas ou dor, ou percebem uma oportunidade. Você pode usar os amplificadores para neutralizar as objeções de *status quo* dos tomadores de decisão distantes ou centralizados, que estão desconectados das necessidades, problemas ou dores das pessoas que são mais impactadas pelo produto ou serviço.

Buscadores são pessoas enviadas para procurar informações e que fazem isso por conta própria. Os buscadores são buchas de canhão do marketing. Eles fazem download de e-books, assistem a webnários, exploram sites e preenchem formulários na internet.

Em geral, buscadores têm pouca ou nenhuma autoridade ou influência, mas põem uma fachada de autoridade e bloqueiam o acesso a outras pessoas dentro da empresa. Legiões de vendedores caem como patinhos nesse ardil e ficam empacados com buscadores.

Influenciadores são pessoas que possuem um papel ativo no processo de compra. Podem ser seus defensores, pessoas que dizem não contra você ou céticos. Desenvolver relacionamentos com os influenciadores é crucial; você deve considerar suas objeções. Eles são a maior fonte de objeções inesperadas. Sua meta é desenvolver e nutrir os defensores, colocar os céticos do seu lado e neutralizar quem diz não.

Coaches são pessoas de dentro da organização que estão dispostas não apenas a defender sua posição, mas ajudá-lo com informações internas. Em qualquer negócio complexo, desenvolver um coach lhe dá uma imensa vantagem competitiva. Coaches bem-desenvolvidos lhe dizem onde estão localizadas as minas e ensinam como minimizar as objeções.

Não posso enfatizar o suficiente como é importante dedicar tempo para mapear os clientes de sua conta e ficar frente a frente com eles. É a forma mais efetiva de encontrar objetivos ocultos e trazê-los para a superfície mais cedo.

Trazendo as Objeções para a Superfície

Eis o que sabemos ser verdade:

- Clientes em potencial tomam decisões no nível emocional.
- Clientes em potencial evitam conflitos e assim retêm informações, confundem e mascaram suas reais preocupações.
- Vendedores também são avessos a conflitos, preferem a ilusão à realidade e permitem que seu viés de confirmação faça com que omitam a verdade.

Essas verdades são a origem de objeções inesperadas e desoladoras, que afundam negócios no último minuto. Para escapar desse ciclo vicioso, você precisa vencer seus medos e a aura de ilusão.

Você deve colocar de lado a névoa do viés de confirmação e prestar atenção aos sinais de que as coisas não são como aparentam. Quando você percebe ou vê uma prova de que existe uma objeção, deve contornar seus apegos emocionais e fazer perguntas sutis e espertas para que seu cliente potencial comece a falar e traga a objeção até a superfície.

As objeções são expostas a partir da coleta de informações durante a prospecção. Isso continua durante suas conversas iniciais com os clientes potenciais e através da descoberta, e requer perspicácia durante todo o processo de vendas para perceber sinais de que uma objeção possa estar vagando sob a superfície.

Ativando o Ciclo de Exposição

Clientes em potencial são como icebergs: o que você vê é apenas uma pequena porção da massa total, cuja maioria está escondida sob a superfície. Até você penetrar a fachada, não há como saber suas objeções ou se você está lidando com as questões emocionais mais importantes.

Uma das minhas técnicas favoritas para descortinar o véu das objeções é ativar o ciclo de exposição, que motiva as pessoas a revelar suas cartas.

Os pesquisadores de Harvard, Dr. Jason Mitchell e Dra. Diana Tamir, descobriram que os seres humanos têm uma gratificação neuroquímica com a exposição.[1] Em seu fascinante estudo publicado nos *Proceedings of the National Academy of Sciences*[2], foi dada a oportunidade às pessoas de falar sobre si mesmas enquanto seus cérebros estavam sendo observados em ressonâncias magnéticas de alto poder, em 3D.

À medida que as pessoas falavam de si mesmas, a área do cérebro associada a sentimentos de prazer e recompensa, como boa comida, sexo e cocaína, foi ativada. Cada vez que a pessoa revelava algo sobre si, essa área se iluminava como uma árvore de Natal. As pessoas recebem uma dose de dopamina (que eu chamo de crack cerebral) ao se expor. E o ciclo se forma.

Cada informação revelada, cada vez que se gabava e cada opinião eram recompensadas com outra dose de dopamina, reforçando a exposição. É assim que as conversas podem rapidamente passar de um papo furado a informações excessivas.

Você já testemunhou esse ciclo de exposição acionado por dopamina em festas ou reuniões familiares, ou mesmo quando conversava com um estranho em um bar. A outra pessoa fala um pouco sobre si e você ouve. Então ela fala um pouco mais, e um pouco mais, até que chega à zona de informações excessivas e você fica considerando por que diabos lhe disseram algo tão pessoal ou revelador.

Para os outros, a exposição é ótima. Embora eles saibam, a nível consciente, que não deveriam ter lhe dito algumas coisas, não conseguem parar. É o *crack cerebral* atuando.

Sair do caminho deixando que seus potenciais clientes falem ativa esse ciclo de recompensa em seus cérebros e faz com que eles deem com a língua nos dentes. Para profissionais de vendas, entender e se beneficiar desse ciclo de recompensa é o caminho mais fácil para levar objeções escondidas para a superfície.

Há cinco passos para ativar o ciclo de exposição:

1. Comece com perguntas abertas, que farão seu potencial cliente falar.

2. Dê à outra pessoa sua total atenção e recompense-a por conversar usando escuta ativa e mostrando interesse sincero.

3. Evite interromper, apressar ou sobrepor sua fala à do potencial cliente. Os vendedores muitas vezes interrompem o ciclo de exposição, lançando-se sobre a primeira declaração que ouvem para entrar no debate.

4. Dê pausas de três a cinco segundos antes de falar. Permita ao cliente em potencial preencher o silêncio. Em geral, ele continua falando se você não fica no caminho. Se você começa a falar, quebra o ciclo.

5. Uma vez que o ciclo começar e o cliente estiver se expondo, ouça atentamente e centre suas perguntas complementares nessas exposições.

Atenção Profunda

As pessoas se comunicam com muito mais do que palavras. Para realmente ouvir outra pessoa, você deve ouvir com todos os seus sentidos — inclusive com a intuição. Voltar seus sentidos para prestar atenção total à mensagem lhe dá a oportunidade de analisar as nuances emocionais da conversa. Isso é extremamente importante para fazer as máscaras caírem e revelar a *real* objeção.

Enquanto ouve, observe a linguagem corporal e as expressões faciais da outra pessoa. Você não precisa ser um especialista em linguagem corporal para ver dicas óbvias. Você apenas precisa ser observador, empático e ficar atento.

Preste atenção ao tom, timbre e ritmo da voz do cliente potencial. Foque os significados por trás das palavras que usa. Esteja alerta para deixas emocionais, verbais e não verbais. Como as pessoas tendem a se comunicar usando histórias, ouça profundamente para capturar emoções e sentimentos não ditos.

Quando o cliente potencial demonstra emoção através de expressões faciais, linguagem corporal, tom ou palavras, você percebe o que é *importante para ele*. Quando perceber uma importância emocional, faça perguntas complementares para testar seu palpite de que existe uma objeção e ponha toda a informação às claras. Veja alguns exemplos:

- Parece que você teve esse problema com um fornecedor anterior. Estou curioso, o que ocorreu?
- Quais são suas preocupações em relação a...?
- Parece que isso pode ser um obstáculo para seguir adiante...
- Pressinto que você não está convencido disso...
- Você parece um pouco preocupado com _____. O que está pensando?
- O que mais preocupou você em fazer negócios conosco?
- Esta parece ser uma grande preocupação para você.
- Talvez eu esteja enganado, mas sinto que esse não é o problema...
- Conte-me mais sobre as experiências ruins que teve trabalhando com fornecedores como a minha empresa no passado.

Preste atenção à sua intuição! Quando você perceber que existe um problema, não se intimide — pergunte sobre ele. Faça uma pergunta aberta e pause, para que o potencial cliente comece a falar.

Às vezes, ele afirma que não há problema algum. Mais frequentemente, no entanto, sua intuição está correta, e você economiza uma tonelada de dores de cabeça por lidar com a questão mais cedo — antes que se torne um bloqueio intransponível que desestrutura e aniquila seu negócio.

10
Objeções de Prospecção

Todo mundo tem um plano até levar um soco na cara.
— Mike Tyson

Dentre todas as objeções, as de prospecção são as mais severas. Em geral, são duras e frias, e, em certas vezes, são 100% rejeição. Por isso, milhões de vendedores tratam a prospecção como uma praga e se permitem evitá-la, danificando tanto as suas carreiras quanto as chances para melhoria de receita.

Há uma simples razão para a prospecção ser tão difícil emocionalmente e pela qual as atividades de prospecção (via telefone e pessoalmente) geram rejeições e objeções tão cruéis:

Prospecção, enquanto abordagem, é interrupção.

Você não gosta de ser interrompido. Nem seus clientes em potencial.

Falando francamente, em um mundo perfeito, os vendedores não abordariam os clientes, e os clientes ficariam felizes com isso. Seria uma adorável utopia em que compradores e vendedores se sentariam em círculos cantando "Kumbaya". Mas um mundo em que compradores qualificados entrariam em contato com os vendedores no momento exato, e ninguém tivesse que prospectar, é uma fantasia.

Se você quer a tranquilidade de um pipeline completo, sucesso sustentável em sua carreira de vendas e maximização de sua receita, precisa abordar seus potenciais clientes. Você tem que pegar o telefone, passar pela porta, mandar um e-mail ou mensagem de texto e fazer contato no LinkedIn.

A não ser que você seja um representante de vendas totalmente interno, se esperar que seu cliente o aborde, você fracassará. Por quê? A razão número um para falhar em vendas é um pipeline vazio, e a razão número um para as pessoas terem pipelines vazios é não prospectarem.

Você deve avaliar o nível da abordagem — indireto, incisivo, seja lá o que for. Poderia ser com um prospecto que preencheu um dos seus formulários online ou fez um download do seu último artigo. Talvez tenham chegado a você pela internet. Poderia ser um velho cliente que você estivesse tentando recuperar, um potencial cliente na sua base de dados, um novo negócio que você visitou pessoalmente para qualificar ou alguém que você encontrou em uma feira de negócios.

Não importam as circunstâncias, o fato elementar é que você está interrompendo o dia de uma pessoa para falar sobre algo que você quer que ela ouça, faça ou compre, e você não tem um horário agendado para essa conversa.

Quando Não Consegue Abordar, Você Fracassa

A prospecção *sempre* teve a ver com a disposição do vendedor em abordar. Uma abordagem implacável é fundamental para construir pipelines de vendas robustos. Não importa sua abordagem de prospecção, se você não abordar os clientes incansavelmente, seu pipeline ficará anêmico.

No entanto, a maioria dos vendedores passa um tempo imenso procurando desculpas para não prospectar em vez de ir em frente.

Eu entendo. É constrangedor interromper o dia de alguém. Você não tem controle sobre a reação alheia, e esse desconhecimento o deixa vulnerável. Prever uma rejeição do outro causa medo e preocupação.

Se a reação inicial do seu potencial cliente à abordagem for negativa, a biologia assume, e o lutar ou fugir entra em campo, criando uma situação desconfortável, que é fácil querer evitar.

No nosso mundo de pessoas muito ocupadas, em que todos, incluindo eu, você e seus potenciais clientes, vivem estressados quase constantemente, pedir um tempo é a solicitação mais difícil que você pode fazer durante todo o processo de venda. Os vendedores lutam com o que dizer e como abordar os potenciais clientes pedindo seu tempo.

Em meu livro *Prospecção Fanática*, eu apresentei as fórmulas, estruturas e técnicas para elaborar abordagens e mensagens de prospecção que reduzem a resistência e aumentam a probabilidade de conseguir o *sim* (via múltiplos canais de prospecção, incluindo telefone, pessoalmente, e-mail, texto, indicações e mídias sociais).

Por essa razão, não vou mergulhar na mecânica de como fazer uma ligação ou reunião para prospecção. Basta dizer, no entanto, que seu primeiro foco quando prospecta é aprimorar sua abordagem objetivando reduzir a resistência de início, aumentando a probabilidade de se chegar ao *sim*.

Fazer o telefonema é a parte mais fácil, para ser franco. Neste capítulo, nosso foco é o que dizer *depois* que você pediu pelo telefone e recebeu um *não*. É nesse momento que você congela, diz coisas sem sentido, fica envergonhado e sente a punhalada da rejeição. Mas esse ponto crítico é o momento da verdade e, se você souber lidar com ele, abrirá as portas para oportunidades maiores.

A Regra dos Terços

Em qualquer conversa de prospecção, sua meta deve ser chegar ao sim, não ou talvez o mais rápido possível. No telefone, por exemplo, usando o processo de prospecção de cinco passos que ensino em *Prospecção Fanática*, você deve ser capaz de obter uma resposta em até 20 segundos (veja a Figura 10.1).

- **Chegue rápido ao *sim*.** Cerca de um terço das vezes, seu cliente potencial diz sim porque sua abordagem foi perfeita ou porque você apareceu no momento certo e pediu com confiança. Sua meta é conservar esse sim e evitar falar demais e perdê-lo. É aqui que a confiança faz diferença. Quando você prevê a rejeição, permite que seu medo o prejudique, e se mostra inseguro, despreparado e passivo; você transfere essas emoções para o seu cliente em potencial e cria resistência onde não havia — transformando um *sim* certo em um *não*.
- **Chegue rápido ao *não*.** Em outro terço das vezes, seu cliente em potencial diz não, e é isso mesmo. Algumas vezes, o telefone ou a porta bate na sua cara. Outras vezes, você ouve um monte de interjeições. Na maioria das vezes, o cliente em potencial lhe diz um extremamente seguro e direto *não*! Embora seja uma droga, também é uma bênção, porque o faz não perder tempo e se concentrar logo na próxima ligação.
- **Chegue rápido ao *talvez*.** Cerca de um terço das vezes, seu cliente hesita, diz talvez, negocia e faz uma objeção. É nesse ponto que a prospecção se torna complexa — você tem uma chance de transformar o *talvez* em *sim*.

Na prospecção, é o *talvez* que faz seu caixa. O *talvez* faz diferença porque esses clientes em potencial são, em geral, suas melhores oportunidades. A habilidade e a atitude para lidar com objeções de prospecção e transformá-las em *sim* são o que atrai seus clientes em potencial mais bem-qualificados e de maior valor.

Neste capítulo, apresento uma estrutura para lidar com objeções de prospecção que aumentará a probabilidade de transformar o *talvez* em *sim*. Uma vez que você domine essa estrutura, ganhará confiança para lidar com tudo o que surgir durante a prospecção.

Essa estrutura de reversão para a prospecção, em três etapas, fará você controlar as emoções disruptivas que transformam ligações de prospecção em dolorosas catástrofes. Vamos começar com um entendimento básico das respostas que seus clientes em potencial lhe dão quando você interrompe seu dia no telefone ou pessoalmente.

Obtenha a Atenção Deles → Identifique-se → Diga o que Você Quer → Chegue a um Porquê → Peça Aquilo que Quer

Figura 10.1 Processo de Cinco Passos ao Telefone

RDOs

Quando estiver prospectando — por telefone ou cara a cara —, você vai se deparar com três tipos de reações: respostas por reflexo, dispensas e objeções genuínas. Vamos nos referir coletivamente a elas como *RDOs de prospecção*.

Respostas por Reflexo

Eu estava viajando e percebi que tinha deixado o carregador do meu iPad em casa. Havia uma loja de material de escritório a uma distância que eu poderia ir a pé do hotel, então fui até lá para comprá-lo. Quando entrei na loja, um simpático jovem se aproximou e falou: "Posso ajudá-lo?"

"Estou apenas olhando", respondi.

Quando me afastei, eu percebi. Eu não estava "apenas olhando". Quem diabos vai para uma loja de material de escritório "só para olhar"? Tinha ido até lá de propósito, para comprar o carregador. Então eu retornei, pedi ajuda e ele me mostrou a prateleira em que os carregadores estavam expostos.

Por que respondi dessa forma, quando claramente não era verdade? Foi automático, algo que já havia dito centenas de vezes. Você faz o mesmo.

Objeções

É um hábito, o seu *roteiro de comprador* quando o vendedor se aproxima, uma resposta por reflexo, que demanda pouco investimento cognitivo.

Um dos meus novos representantes completou algumas ligações de prospecção específicas para uma lista selecionada de líderes de vendas. O objetivo das ligações era simplesmente sensibilizar o público para nossa próxima conferência, OutBound. Ele não estava vendendo nada ou pedindo qualquer compromisso. Era uma ligação de baixo risco e impacto — mais marketing do que vendas. Esta era a mensagem:

> *"Olá, Bob, eu sou o Rick, da Sales Gravy. A razão para falar com você hoje é lhe contar que a conferência OutBound, que foca pipelines de vendas, produtividade e prospecção, voltará a Atlanta este ano. Posso lhe enviar um e-mail com o guia da conferência?" (Já tínhamos o endereço de e-mail e não precisávamos da permissão; estávamos fazendo as ligações para sensibilizar e possibilitar conversas mais profundas.)*

O relato de Rick sobre o resultado das ligações foi previsível. "Eu liguei para todos, mas ninguém ficou interessado." Ele obteve respostas por reflexo. Apesar disso, 37% das companhias em sua lista enviaram pessoas para a OutBound.

Os clientes em potencial reagem a ligações de prospecção com respostas por reflexo, e os vendedores as aceitam — tratando-as como se fossem suas respostas definitivas. Para o cliente, é fácil como mágica. Um vendedor o aborda. Responda-o com uma *resposta por reflexo*. O vendedor vai embora.

"Não estamos interessados."

"Estamos satisfeitos."

"Temos tudo acertado."

"Estou ocupado."

"Estou em uma reunião."

"Fazemos isso internamente."

"Estou dirigindo."

"Estou de saída."

Essas são apenas algumas das respostas condicionadas para sua abordagem. É a resposta automática do seu cliente em potencial a um padrão conhecido. Não há intenção consciente de enganar você: ele está no piloto automático.

Como as objeções de prospecção são usualmente respostas condicionadas, a forma mais efetiva de contorná-las é criar um padrão para romper com a expectativa de resposta que seu ciente em potencial tem. Discutiremos como criar padrões posteriormente neste capítulo.

Dispensas

Uma dispensa é quando seu cliente manda você embora de forma gentil. "Ligue novamente mês que vem", ele diz quando quer evitar confrontos e ser cauteloso ao dispensá-lo.

A dispensa se baseia em evitar conflitos:

"Ligue-me depois."

"Volte a fazer contato dentro de um mês."

"Por que você não me manda mais informações?" (A melhor dispensa de todos os tempos.)

Os clientes em potencial aprenderam que os vendedores, em geral, aceitam essas mentiras e vão embora, porque também querem evitar o conflito.

A dispensa não faz você se sentir tão mal quanto a rejeição. Quando você aceita uma dispensa, seu cérebro lhe dá um desconto. Ainda há esperança. Você se adequou, não forçou a barra, não foi tão insistente. Você evitou ser rejeitado — ser tirado de campo.

Objeções

Contudo, em vendas, ser dispensado é como tapar o Sol com a peneira. Você se ilude ao acreditar que realizou alguma coisa:

"Ele deve estar interessado, me pediu para ligar de novo em um mês ou dois."
"Eles têm interesse em que eu mande mais informações."

No entanto, você não chega a lugar algum. Uma dispensa é apenas uma mentira em que ambos os lados estão condicionados a acreditar para evitar a dor do conflito e da rejeição.

Objeções Genuínas

As objeções genuínas em ligações de prospecção são reações mais diretas e bem-fundamentadas. Elas geralmente são acompanhadas de um motivo.

"Não há, realmente, nenhuma razão para nos encontrarmos agora, porque acabamos de assinar um contrato com seu concorrente."

"Estamos ocupados implementando um projeto gigante, e não posso assumir mais nada nesse momento."

"Não o posso encontrar na semana que vem porque estarei em nossa feira de negócios em Las Vegas."

"Adoraria conversar, mas nosso orçamento está congelado, e acho que seria uma perda de tempo para você."

"Não teremos orçamento para este tipo de gasto até o outono."

"Fechamos negócio com sua companhia antes, e não deu certo."

"Olhamos uma proposta de sua empresa uns anos atrás, e seus preços eram muito altos."

Ao receber objeções genuínas, você as deve avaliar bem. Há três caminhos que pode seguir:

1. Contornar a objeção e marcar uma reunião, de qualquer jeito.

2. Mudar a abordagem e levantar informações — especialmente sobre janelas de compra, contratos, orçamento, dimensão da oportunidade, concorrência e partes interessadas.
3. Seguir em frente, e insistir em um momento mais oportuno.

RDOs de Prospecção Podem Ser Previstos

A cada Fanatical Prospecting Boot Camp [Campo de Treinamento de Prospecção Fanática, em tradução livre], faço a mesma pergunta básica aos participantes: "De quantas formas um cliente em potencial pode dizer-lhe *não* em uma ligação de prospecção?"

A resposta mais comum (acompanhada pelo obrigatório revirar de olhos): *infinitas*.

É assim que a maioria dos vendedores pensa, infelizmente. Eles se aproximam de cada RDO como se fosse um evento único e aleatório, e improvisam a cada ligação. Isso é um grande erro — em vendas, improvisar é sempre estúpido, ainda mais na prospecção. É quase impossível controlar a resposta emocional e neuroquímica à rejeição no ambiente árido da prospecção improvisada.

A verdade é que as RDOs de prospecção não são únicas. Há um número finito de formas com as quais um cliente em potencial pode dizer-lhe *não*. Melhor ainda, há padrões comuns de RDOs para cada setor, e comumente até cinco desses padrões cobrem pelo menos 80% das objeções de prospecção. Em geral, a maior parte das RDOs surge na forma de:

- Estamos satisfeitos ou não temos essa necessidade no momento.
- Não estamos interessados.
- Não temos orçamento.
- Temos um contrato vigente.
- Não sou a pessoa certa.
- Preciso falar com mais alguém antes...

Objeções

- Estou muito ocupado.
- Mande mais informações.
- Estou sobrecarregado — há muita coisa acontecendo.
- Já trabalhamos com vocês antes e não deu certo.
- Fazemos internamente, não contratamos fornecedores externos.
- Um de seus representantes me ligou na semana passada, e eu já disse não.
- Experimentamos este produto ou serviço antes e não deu certo.
- Só estou olhando/avaliando você (pistas internas).

Os clientes em potencial nem sempre usam essas exatas palavras. Por exemplo, em vez de dizer "Estamos satisfeitos", eles podem dizer: "Estamos com seu concorrente há anos, e eles têm feito um bom trabalho." São outras palavras, com a mesma intenção — estamos satisfeitos.

Quando peço aos participantes dos nossos cursos Fanatical Prospecting [Prospecção Fanática, em tradução livre] que listem todas as RDOs em que possam pensar, raramente passam de 15. E, quando peço a lista das que eles mais ouvem, raramente passam de cinco.

Tabela 10.1 Listando RDOs

RDO de Prospecção	Nota Baseada na Frequência

RDO de Prospecção	Nota Baseada na Frequência

Fazer uma lista das RDOs mais comuns que você encontra durante as conversas de prospecção é o primeiro passo para aprender como prevê-las e desenvolver respostas efetivas. Pare por um momento e use a Tabela 10.1 para listar todas as RDOs de prospecção que você ouve. Em seguida, ordene-as da mais para a menos frequente.

Preparando-se para as RDOs de Prospecção

Você recebe objeções de prospecção, e elas desencadeiam suas emoções disruptivas. Mas como praticamente toda RDO que ouve em uma ligação é previsível, você pode planejar as respostas com antecedência, controlar suas emoções, romper os padrões pelos quais seus potenciais clientes esperam e virar a página do roteiro do comprador.

Para dominar e se tornar sagaz na reversão das RDOs de prospecção, você precisa:

1. Identificar todas as potenciais RDOs (veja a Tabela 10.1) específicas de seu setor, produto, serviço e nicho de clientela.
2. Aplicar a estrutura de três passos para reversão de prospecção para desenvolver roteiros simples e repetitivos, que você diz sem pensar — o que o faz ignorar suas emoções.

Por que ter um roteiro repetitivo ensaiado para as RDOs? Já exploramos o que ocorre quando você encontra a rejeição — antecipada, percebida ou real. A reação lutar ou fugir entra em ação, o sangue foge do seu neocórtex (parte racional do cérebro) e você não consegue pensar, o que torna muito difícil formular mensagens que lidem com a RDO no momento durante as conversas rápidas de prospecção.

Em situações emocionalmente tensas, os roteiros libertam sua mente, liberando você do peso de se preocupar com o que dizer e lhe permitindo o completo controle da situação. Um roteiro ensaiado faz seu tom de voz, forma e cadência de falar parecerem confiantes, tranquilos e profissionais — mesmo quando suas emoções estão à flor da pele.

Os roteiros funcionam especialmente bem com as RDOs de prospecção porque elas tendem a se repetir, de novo, e de novo. Para observar o poder dos roteiros, vá ver um filme. Cada série, filme ou espetáculo segue um roteiro. Se não fosse assim, não conseguiriam entreter.

De forma similar, perceba a diferença de um político falando de forma improvisada com repórteres e fazendo um discurso com a ajuda do teleprompter. No palco, o político é incrivelmente convincente. Mas, sem um roteiro, tropeça nas palavras e comete os mesmos erros dos vendedores que estão improvisando com RDOs em ligações de prospecção.

A preocupação de muitos vendedores, no entanto, é: "Pareço artificial quando sigo um roteiro." A preocupação em parecer decorado é legítima. Em vendas, a autenticidade importa. É exatamente por isso que os melhores atores, políticos e vendedores ensaiam e praticam. Eles trabalham arduamente até que o roteiro pareça natural.

Os roteiros são uma forma poderosa de controlar suas emoções e adaptar sua mensagem, mas devem ser ensaiados. Desenvolver e praticar seus roteiros para reverter RDOs requer esforço. Você deve desenvolver mensagens específicas para cada situação, praticar, testar suas premissas e *repeti-las* até aperfeiçoar as mensagens que funcionam bem.

A boa notícia é que você já possui o hábito de dizer certas coisas em ligações de prospecção. Então, comece analisando o que já faz. E padronize o que funciona em um roteiro, para que possa ser repetido com sucesso várias vezes.

Reserve um momento agora para escrever as cinco RDOs de prospecção que mais ouve e como tem respondido a elas. Considere o que está e o que não está funcionando. Procure padrões em suas mensagens. Considere as que parecem e fazem você se sentir mais autêntico.

Tabela 10.2 Analisando RDOs e Suas Respostas

Cinco Principais RDOs de Prospecção	Como Você Responde Agora

A Estrutura de Três Passos para Reversão da Objeção

Para respostas por reflexo, dispensas e objeções genuínas durante a prospecção, você utilizará uma simples, mas poderosa, estrutura de três passos (veja a Figura 10.2):

1. Recomponha-se
2. Surpreenda
3. Peça

Você aprendeu anteriormente que uma estrutura é como um guia. Ela lhe dá uma base, mas não o prende em um processo engessado. Estruturas lhe dão agilidade para adaptar sua mensagem, no calor do momento, para situações e potenciais clientes específicos.

Figura 10.2 RDOs de Prospecção

A Recomposição

Concordamos que uma reação fisiológica e emocional à rejeição (lutar ou fugir) é involuntária. Uma recomposição é uma resposta automática e memorizada para a rejeição, real ou percebida, que não exige que você pense. Ela dá a seu cérebro o tempo de que precisa para concatenar a situação, ignorar as emoções disruptivas e assumir o controle.

Como as RDOs em geral evocam respostas emocionais fortes, a técnica da recomposição é uma parte crucial da estrutura de reversão.

Surpresa

Seus potenciais clientes foram condicionados por centenas, se não milhares, de ligações de prospecção. Eles esperam que você aja como qualquer outro vendedor. Quando lhe dizem não, têm uma expectativa do que você fará em seguida. Quando seu comportamento atende a essa expectativa, nenhuma reflexão é necessária: eles apenas reagem.

Você aprendeu que o cérebro do seu potencial cliente (especialmente a amígdala) ignora padrões e é atraído por anomalias — coisas brilhantes, coloridas, diferentes e inesperadas. Criar padrões — pautados na surpresa — é uma forma de alterar o roteiro de comprador, mudar o rumo e atrair o cliente para você.

O segredo para reverter a RDO de seu cliente em potencial é fazer uma declaração ou pergunta que rompa esse padrão e atraia o cliente. Dou alguns exemplos a seguir.

Quando eles disserem que estão satisfeitos com o que têm, em vez de argumentar que você pode deixá-los ainda mais satisfeitos se lhe derem uma chance, responda com algo completamente inesperado:

> *Excelente. Se conseguiu bons preços e serviços, você nunca deve pensar em mudar. Tudo que quero são alguns minutos do seu tempo para conhecê-lo e ver se nossas ideias combinam. Pelo menos lhe darei uma cotação competitiva, para você saber que há outras boas oportunidades.*

Quando disserem que estão ocupados, em vez de argumentar que a conversa será breve, rompa o padrão concordando com eles:

> *Foi exatamente por isso que liguei; achei que você pudesse estar ocupado e quero combinar um momento mais conveniente.*

Quando eles disserem: "Envie mais informações", você pode pagar para ver o blefe e forçar um compromisso ou trazer outra RDO à superfície com:

> *Que fantástico! Fico feliz de saber que você está interessado em nos conhecer. Mas temos tanta informação disponível que a última coisa que quero fazer é, considerando o quanto você é ocupado, sobrecarregá-lo. Você pode me dizer de qual informação gostaria, especificamente?*

Quando disserem: "Não estou interessado", responda com:

> *Já imaginava. A maioria das pessoas com quem falo não se interessa de imediato, e é exatamente por isso que devemos nos encontrar.*

Objeções

Se eles mencionarem algo específico que gostariam de conhecer, responda com:

É exatamente por isso que devemos nos encontrar. Assim, posso descobrir mais sobre você e montar um pacote de informações específico para sua situação.

Também é importante evitar o uso de jargões comuns somente entre os vendedores. Quando você faz isso, fica totalmente dentro das expectativas. Frases muito usadas, como "Estendendo o contato", "Eu queria apenas" e "Eu entendo", igualam você a todos os outros representantes de vendas e o transformam em um padrão fácil de ignorar.

Pedido

De volta à primeira lição. Para conseguir o que quer, você precisa *pedir*. Você pode fazer a reversão disruptiva perfeita, mas, se não *pedir* novamente, não obterá o resultado desejado.

É no passo de *pedir* que a maioria das superações de RDOs cai por terra. O vendedor hesita e espera que o cliente em potencial faça o trabalho. Eles não o fazem, nem farão.

Você deve controlar suas emoções e pedir de novo, presuntiva e assertivamente, aquilo que deseja, sem hesitação, seguindo seu roteiro de superação. Quando você pedir, em aproximadamente metade das vezes os potenciais clientes darão outra RDO — dessa vez, uma mais próxima da verdade. Esteja preparado para revertê-la e pedir novamente.

O que você nunca deve fazer, no entanto, é confrontar. Não vale a pena. Depois de ouvir duas RDOs e não conseguir fazer seu cliente em potencial mudar de ideia, siga adiante educadamente e retorne outro dia. Como dizem, há muitos peixes no oceano.

Juntando Tudo

É essencial que você simplifique esse processo. Você precisa de roteiros de reversão que funcionem e sejam naturais para *você*. Eles precisam fazer com que você pareça autêntico, verdadeiro e confiante. Resuma esses roteiros, para que fique fácil para você lembrar e repetir. Eles não precisam ser perfeitos e não funcionarão todas as vezes, mas você precisa de roteiros que lhe deem boas chances de conseguir um *sim*.

Veja Aqui Alguns Exemplos:

Cliente: "Já trabalhamos com vocês e tivemos uma experiência ruim."

Representante: "Nancy, foi exatamente por isso que liguei. Quero usar uns minutos do seu tempo para saber exatamente o que aconteceu. Que tal nos encontrarmos na próxima quarta às 15h?"

Cliente: "Não estamos interessados."

Representante: "Sabe, era o que muitos dos meus clientes diziam até perceber quanto de seu dinheiro eu poderia economizar. Olhe, nós nem sabemos se meu serviço se adéqua a você, mas não seria bom que nos encontrássemos para descobrir? Que tal sexta às 14h?"

Cliente: "Não temos como pagar pelos seus serviços."

Representante: "Era exatamente o mesmo que meus outros clientes diziam até descobrir como somos acessíveis. Tudo que quero é uma oportunidade para conhecê-lo melhor e mostrar como ajudamos tantos outros negócios na sua mesma situação a reduzir e gerenciar o risco sem aumentar as despesas. Que tal se eu for aí terça às 11h30?"

Cliente: "Fazemos isso internamente."

Representante: "Foi exatamente por isso que liguei. A maioria dos meus clientes possui programas in-house, e escolhe trabalhar comigo porque complemento sua atividade. Não sei se meus serviços se adéquam à

Objeções

sua situação, então por que não nos encontramos, e eu lhe mostro como ajudei outros clientes do seu setor, e podemos decidir se continuamos a conversar a partir daí. Estou livre na segunda às 14h."

Agora é hora de construir seus roteiros. Usando a Tabela 10.3, comece com suas cinco RDOs mais comuns e considere sua situação. Escreva uma recomposição e construa uma afirmação disruptiva, a surpresa. Uma vez que você complete a primeira versão, deixe-a de lado por um dia e depois a retome. Você descobrirá que esse processo faz com que seu cérebro se ajuste ao processo da mensagem, e o ajuda a praticar seus roteiros e a aprimorá-los.

Tabela 10.3 Formule um Roteiro de Reversão

RDOs de Prospecção Típicas	Recomposição	Surpresa

Esse Babaca Acabou de Desligar na Minha Cara

No outono passado, eu estava trabalhando com um grupo de representantes de vendas em um Fanatical Prospecting Boot Camp. Durante um dos blocos de ligações, peguei uma lista de potenciais compradores e me juntei ao pessoal. Estávamos focados em marcar reuniões de descoberta, cara a cara. Na minha terceira ligação, dei de cara com o diabo:

"Oi, Maureen, aqui é Jeb Blount, da ABC Serviços [nome do cliente removido]. Estou ligando para marcar uma conversa com você..."

Maureen me cortou subitamente — enquanto eu ainda estava falando, em um tom de voz agressivo: "Já temos um fornecedor, estamos satisfeitos e não precisamos dos seus serviços! Não ligue novamente!" E, *pá!*, bateu o telefone na minha cara.

Clique. Ai!

Estou na área de vendas há mais de 26 anos e já bateram o telefone na minha cara de forma rude e repentina centenas de vezes. Você pode pensar que atualmente estou imune, mas a verdade é que ainda é péssimo — o tom de voz rude, e a instantânea e inegável rejeição. Sacode até os vendedores mais cascas-grossas.

Ser rejeitado assim dói. É mais doloroso que a maioria das formas de rejeição, porque você não tem nenhum controle, nenhum meio de reverter e nenhuma forma de evitar. Lá dentro, você se sente desamparado. Tudo bem se sentir ofendido, mas você não deve permitir que as emoções o perturbem.

É importante não confundir as coisas. Algumas pessoas são simplesmente babacas. Entretanto, é muito mais provável que a pessoa para quem você está ligando esteja tendo um dia ruim, esteja extremamente ocupada ou tenha recebido muitas ligações de vendas e esteja cansada de ser abordada. Confie em mim, você sentiria o mesmo se estivesse no lugar dela e fosse abordado.

Aconteceu a mesma coisa com outra representante de vendas logo depois que bateram o telefone na minha cara. "Droga, esse babaca acabou de desligar na minha cara!" Ela falou tão alto que todo mundo parou para olhar.

Depois de falar, e falar, sobre o cliente rude, ela se virou para mim e disparou: "Que diabos devo fazer quando isso acontecer?"

Essa questão é feita frequentemente, e apresento aqui algumas táticas:

Ligue de novo imediatamente e diga que você não sabe o que ocorreu, mas de alguma forma a ligação caiu. Você obterá uma das três reações abaixo:

Objeções

- Eles vão desligar novamente.
- Eles vão xingar e depois desligar.
- Eles vão começar uma conversa e lhe dar uma chance.

De qualquer forma, você voltou ao jogo e não deixou a rejeição o intimidar. Esse processo o torna imune a obstáculos.

Ligue no dia seguinte, em um horário diferente — quanto mais cedo, melhor. Na maioria dos casos, eles nem se lembrarão de você, estarão em um dia melhor e lhe darão uma chance. O que você precisa entender é que eles não pensam em você nenhuma vez depois que desligam o telefone. Já me aconteceu de clientes em potencial gritarem comigo na terça e me tratarem como seu melhor amigo na quarta — completamente alheios à minha ligação anterior. Por isso, quando as pessoas me dizem para nunca ligar de novo, eu ligo.

Mande um e-mail. Dar continuidade com um e-mail pode produzir uma receptividade à oportunidade. Assegure-se de que o e-mail seja educado, profissional e não mencione que bateram o telefone na sua cara.

Use as mídias sociais para criar familiaridade. É difícil ser rude com quem você conhece. Se for um cliente em potencial de alto valor, contate-o nas mídias sociais e use suas habilidades para criar uma amizade virtual. Assegure-se de que ele o veja frequentemente, e então ligue de novo. A sequência Ligação > Mensagem de Voz > E-mail > Rede Social é uma forma efetiva de abrir portas. A familiaridade e a exposição repetida a você o tornam mais amigável e aumentam a probabilidade de que o cliente em potencial interaja.

Seja persistente. Às vezes, você tem que manter sua posição no longo prazo — ligando, enviando e-mails e até indo pessoalmente, para cair a ficha de que você não irá embora até que eles conversem com você. Lembra-se do Richard, da nossa história de abertura? As pessoas respeitam e recompensam a persistência.

Certa vez, havia um tomador de decisão, responsável por um cliente em potencial de alto valor, que não retornava minhas mensagens nem e-mails. Era uma oportunidade enorme com uma grande e renomada empresa, uma conta dos sonhos. A janela de compra estava aberta. Seu contrato com meu concorrente estava se encerrando, e, se eles renovassem ou assinassem com outro proponente, eu ficaria fora pelos cinco anos seguintes.

Sem ter nada a perder, liguei e deixei uma mensagem de voz para esse tomador de decisão todos os dias por 52 dias seguidos. Como se eu estivesse no filme *Feitiço do Tempo*, deixava a mesma mensagem toda manhã.

"Oi, Sam, aqui é Jeb Blount, da Empresa ABC. A razão da minha ligação é que seu contrato com a Empresa XYZ está para expirar, e, antes que se renove automaticamente e você perca a possibilidade de escolher, penso que poderia explorar outras opções. Por favor, me ligue no 555–555–5555 para agendar uma breve reunião."

No dia 53, meu telefone tocou. Era Sam.

"Você vai parar de me ligar um dia?", disse, em tom de voz ríspido.

"Não até você me encontrar", respondi, rindo.

"Tudo bem", disse ele, um pouco mais leve dessa vez. "Posso vê-lo às 11h amanhã. Você tem exatamente 30 minutos."

Eu fechei esse negócio. Foi um dos maiores da minha carreira. A comissão foi gorda, me qualificou para o President's Club e me rendeu uma viagem para o palco da premiação, no Havaí.

Essa situação também me ensinou que há um número para se chegar ao *sim*. Nesse caso, 52. Se um cliente em potencial é valioso, e a janela de compra está aberta, não desista, persista. No final, a persistência sempre acha uma forma de vencer — sempre.

Mais uma ligação.

11
Há um Número para Se Chegar ao *Sim*

Nunca, nunca, nunca desista.

— Winston Churchill

Se estivéssemos caminhando por uma rua lotada de Nova York na hora do rush e pedíssemos a alguém para cantar "Mary Had a Little Lamb" enquanto gravávamos um vídeo, receberíamos, além do *não*, um número considerável de F%$#-se! É uma questão de estatística básica. Não importa o que você esteja vendendo (ou pedindo), se pedir um número suficiente de vezes, ao final conseguirá um *sim* (veja a Figura 11.1).

Há um número para se chegar ao *sim*. No caso da música "Mary Had a Little Lamb", é 11. Em média, depois de várias tentativas, foram necessários 11 pedidos para que uma pessoa cantasse para mim.

Falando sério, podemos falar o mesmo sobre jogar na loteria. As estatísticas revelam que, se você jogar um número suficiente de vezes ou preencher o número necessário de bilhetes, finalmente ganhará. É uma forma estúpida de ficar rico, e é por isso que, estatisticamente falando, as pessoas ricas não jogam na loteria. Em vez disso, elas investem seu dinheiro onde as chances são mais favoráveis.

Objeções

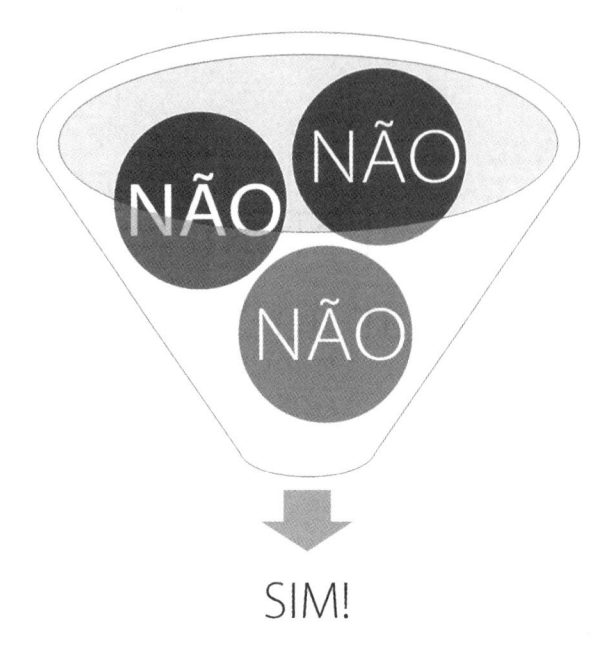

Figura 11.1 Não, Não, Não, Sim

Os melhores vendedores jogam o jogo baseados em probabilidades. Eles trabalham incansavelmente para ampliar o número de *sim*. Em vendas, a fórmula para ganhar, e ganhar muito, é *reduzir* a chance de receber um *não*, enquanto *aumenta* a probabilidade de receber um *sim*, sem *reduzir* o número de vezes que você pede.

Essa fórmula é o verdadeiro segredo para maximizar sua receita e acelerar a produtividade das vendas nas organizações. No entanto, e isso é muito importante, você nunca chegará a esse nível de otimização até conhecer seus números.

Vendas São Comandadas por Números

Pare por um momento e pense em seu atleta favorito. Se pudéssemos conversar com ele e pedir que nos desse informações sobre suas últimas performances, qual é a probabilidade de que conseguisse recitar uma ladainha de estatísticas detalhadas?

Garanto que seria de 100%. Atletas de elite conhecem seus números, porque todo o seu foco como competidores é chegar à sua melhor performance. Conhecer os números lhes dá os dados de que precisam para avaliar como estão indo em um determinado momento e, ainda mais importante, para saber quais adaptações são necessárias para aprimorar seus resultados e performance.

Não é diferente em vendas. Os números são uma ciência da nossa profissão. Vendedores de elite, como atletas de elite, registram tudo — assim como as organizações de vendas de elite. Você nunca alcançará sua melhor performance até conhecer seus números *e* usar esses dados para analisar a performance e corrigir seu direcionamento.

Se seu ciclo de vendas é transacional, fecha o negócio em uma ligação, ou curto, os números são relativamente simples: o número de ligações, batidas em portas e pedidos, e o de respostas positivas. Para vendedores transacionais, as vendas são genuinamente um jogo de números.

Se você está em um ciclo de vendas complexo, de médio a longo, suas respostas positivas devem ser rastreadas por todo o pipeline de conversão, a partir de um grande número de partes interessadas e variáveis:

- Leads (um consumidor em potencial)
- Tentativas de prospecção externa (por canal)
- Reuniões de abertura
- Demonstrações
- Reuniões de descoberta
- Passeios em instalações
- Apresentações
- Propostas
- Reuniões de fechamento
- Contratos impressos

Objeções

Sejamos honestos. Não estou dizendo nada que você já não saiba. Se você está na área de vendas há mais de cinco minutos, sabe que os números fazem diferença. Você sabe que não conhecer seus números é uma atitude estúpida. Sabe que os melhores vendedores, como os atletas de elite, são obcecados por seus números.

Ainda assim, embora haja um conhecimento universal sobre pipelines e taxas de conversão entre os vendedores, a maioria não registra seus números. A maioria dos vendedores deixa que a companhia faça o registro por eles. E isso é colocar sua receita e sucesso nas mãos de outra pessoa. É abdicar de sua responsabilidade consigo e com sua família.

Sim, a empresa vai lhe passar números oriundos do "sistema". Isso pode ou não acontecer em tempo real. Mas *você* deve ser capaz de olhar para seus registros, em um simples pedaço de papel, e saber exatamente onde está em um momento determinado, de forma que *você* possa rapidamente se adaptar e aprimorar sua performance.

Contudo, é mais fácil esperar que a companhia distribua os números, porque a ilusão é mais confortável que a fria e dura realidade. E, é claro, você pode convenientemente colocar a culpa de suas falhas nas estatísticas "imprecisas" da empresa.

Desenvolva a coragem para encarar a verdade — mesmo quando ela lhe disser que você não está atingindo seu melhor desempenho. Seja honesto consigo mesmo sobre onde você realmente está em relação a seus objetivos e o que precisa fazer ou sacrificar para voltar aos trilhos, se não estiver batendo suas metas.

Há um número para se chegar ao *sim*, mas esse número não é fixo. *Você pode mudá-lo.* Entretanto, você não pode mudar o que não consegue ver. É por isso que você *precisa* saber exatamente qual é o seu número para obter o sim a cada passo do processo de vendas. Ter essa consciência muda tudo.

Money Ball: É Tudo uma Questão de Proporção

A princípio, mergulhar em seus números — como indivíduo ou organização da área de vendas — é instantaneamente esmagador. Há tantos dados que você não sabe por onde começar; não há dados suficientes para desenvolver padrões estatísticos significativos; ou seus dados são confusos, categorizados de forma errada, ou inconsistentes.

Há também a tendência humana de analisar demais, fazer muitas premissas (especialmente quando os dados não contam uma história bonita) ou ficar preso no viés de confirmação e organizar os dados para contar uma história que se adéque à sua visão cor-de-rosa da situação.

Quando lidamos com números de vendas, seu viés de confirmação é especialmente perigoso, um inimigo da verdade. Encaramos essa batalha todos os dias, quando os analistas de negócios da Sales Gravy são chamados para ajudar nossos clientes a acelerar a produtividade de vendas. Chegar a números com os quais todos concordamos às vezes leva semanas. Quando uma determinada quantidade de dados não respalda a narrativa de um gerente ou departamento, a integridade e a precisão desses dados são questionadas.

O que ajudamos nossos clientes a ter como prioridade é deixar de lado o ego e as emoções, e estabelecer um parâmetro. Nossa meta é reduzir a complexidade dos números. Simplificamos segmentando o pipeline de conversão e focando taxas. Aprimorar as taxas leva a uma aceleração exponencial da produtividade em vendas.

Uma proporção diz quanto de uma coisa se compara à outra. Por exemplo, veja a Figura 11.2.

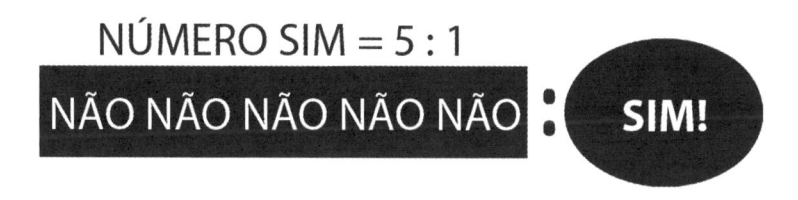

NÚMERO SIM = 5 : 1

NÃO NÃO NÃO NÃO NÃO : SIM!

Figura 11.2 O Número do Sim

Objeções

Nosso processo de aceleração de vendas começa com a análise vertical das proporções por todo o processo de vendas. Então, saímos da visão maior do pipeline de conversão e olhamos mais perto, nas microproporções. Isso nos ajuda a focar as nuances do desempenho. No nível micro, fazemos pequenos ajustes que, juntos, geram enormes melhorias de performance — geralmente, dobrando ou triplicando as vendas.

Tudo começa com a obtenção de uma visão clara das proporções no seu pipeline de conversão único. Por exemplo:

- DE fontes de leads A indicações qualificadas pelo mercado (Marketing Qualified Leads — MQLs).
- DE MQLs A indicações qualificadas para venda (Sales qualified leads — SQLs).
- DE tentativas de contato externo por canal de prospecção A contatos.
- DE contatos A agendamentos ou conversas de venda imediatas (CVI) — dependendo do ciclo e complexidade de vendas.
- DE agendamentos, ou CVIs, A próximos passos — demonstrações, tours de instalação, levar a conversa ao tomador de decisão, descobertas adicionais, propostas, negócios fechados.
- DE próximos passos A apresentações formais.
- DE propostas A negócios fechados.
- DE negócios fechados A resultado do negócio — volume, extensão de contrato, produto, serviço, termos e condições, lucro bruto, receita mensal recorrente.

Uma vez que esteja rastreando seus números de forma sistemática, abrem-se as portas para uma avaliação honesta, tanto da eficiência quando da eficácia de suas atividades de vendas.

- A eficiência é representada por quantas tentativas você faz até conseguir um *sim*.

- A eficácia é a proporção entre a quantidade de atividades e o número de respostas positivas que você consegue.

À medida que você compreende melhor a proporção entre tentativas de *sim* e resultados positivos em cada nível do seu pipeline de conversão, aprende a lidar com as variáveis que impactam os resultados de desempenho.

O segredo é apertar os botões certos, no momento certo, para aprimorar as taxas adequadas para ter o maior impacto na performance de vendas, enquanto minimiza as consequência negativas para outras taxas.

Por exemplo: Se enxergássemos uma oportunidade para melhorar a *taxa de contato a agendamento*, no topo do pipeline de conversão, precisaríamos agarrá-la sem comprometer a *taxa de ligação a contato*. De outra forma, a melhoria na taxa de contato a agendamento poderia ser compensada pela queda acentuada no volume de ligações, cancelando o benefício do esforço como um todo. Esse exercício de obtenção de uma visão clara e honesta de suas taxas é essencial para eliminar a névoa da ilusão e dos falsos positivos.

Recentemente, um de nossos novos clientes revelou que havia conseguido dobrar a *taxa da proposta ao fechamento* em seis meses. Foi uma melhoria impressionante, e ele estava comemorando. O enigma era que, mesmo após esse enorme e sustentável esforço para melhorar a taxa de fechamento, a receita ainda não estava crescendo a uma taxa que refletisse a performance aprimorada. Quando examinamos os números, o problema ficou claro.

As taxas de fechamento tinham aumentado principalmente porque os vendedores estavam passando mais tempo com os clientes em potencial — fazendo descobertas mais profundas, que resultavam em propostas bem-pensadas e personalizadas, que por sua vez reduziam as objeções e geravam mais *sim* — algo muito bom.

Seis meses antes, a entrada de inbound leads atingia uma taxa muito alta, o que criou dois problemas. Primeiro, os vendedores tinham uma abundância de oportunidades que lhes permitia escolher as mais fáceis e cumprir suas metas sem trabalhar muito pesado. Segundo, o aumento de inbound leads representava que os vendedores tinham pouco tempo para focar sua atenção completa nos potenciais clientes.

Basicamente, como o volume de leads era muito alto, mascarava o fato de que os vendedores vinham tratando seus potenciais clientes como transações e não gastavam o tempo necessário nesses relacionamentos.

No momento em que a liderança percebeu a queda na taxa de fechamentos e começou a focar o processo de vendas, o volume de leads desabou. As taxas de fechamento melhoraram porque o menor volume de inbound leads deu aos representantes de vendas mais tempo para se concentrar em seus clientes em potencial, *e* o novo foco em treinamento e coaching aprimorou suas habilidades de vendas.

No entanto, como os líderes estavam míopes, focados em apenas uma taxa — da proposta ao fechamento —, perderam a noção das coisas como um todo. Eles comemoraram a taxa de fechamento ter dobrado; mas, na verdade, precisavam pelo menos quadruplicá-la para compensar a redução dos inbound leads ou aumentar o número de novas oportunidades através de prospecção externa. A verdade estava na proporção.

Mudando Seu Número do *Sim*

Para mudar seu número do *sim*, seu foco deve ser otimizar a taxa entre os dois E's — Eficiência e Eficácia. Você deve continuar tentando ajustá-los até que o equilíbrio entre o número de tentativas de *sim* e o número de resultados positivos maximize sua receita.

Sem dúvida, há dúzias de variáveis que impactam seu número do *sim*. Essas variáveis incluem, mas não estão limitadas a:

- Qualidade dos potenciais clientes com quem você interage
- Extensão do seu ciclo de vendas
- Indústria vertical

- Hora do dia
- Dia da semana
- Momento do ano
- Papel do tomador de decisão do seu contato
- Produto ou serviço
- Venda complexa versus transacional
- Objetivo da ligação
- Canal de prospecção
- Qualidade de sua abordagem
- Seu conhecimento e habilidades
- Metodologia de vendas
- Mensagem
- Filosofia e controle emocional

Ao entender seus números, você consegue considerar essas variáveis de maneira objetiva. Com essas informações, você faz pequenos ajustes que lhe dão mais chances de vitória e aumentam, ou até dobram, seu número do *sim*.

Lembra-se da história que contei sobre minha formatura? Depois de sentir a dor e a desonra de ser largado pela minha parceira, jurei que aquilo não aconteceria de novo. A decisão fácil teria sido evitar a formatura novamente, no ano da conclusão do ensino médio. Sem pedido, sem rejeição — fácil. Contudo, eu queria ir à formatura, e sabia com quem queria ir. Isso foi motivação suficiente para criar coragem e tentar de novo.

Dessa vez, no entanto, não dei chance para o azar. Em vez de esperar até o último minuto, no início do outono comecei a construir um relacionamento com a parceira que pretendia levar à festa. Aproveitei todas as possibilidades de estar nos mesmos lugares que ela. Até entrei para os mesmos clubes que frequentava. Também fiz amizade com seus amigos,

Objeções

e eles me ajudaram a sedimentar a decisão, plantando a semente de ela ir comigo à formatura. Eles se tornaram meus coaches e amplificadores.

Trabalhei por meses, aos poucos, para trazer a vitória para o meu lado. Em janeiro, quando pedi a ela para me acompanhar, tinha certeza de que diria *sim* (meus coaches já haviam me dito). Sabendo dessa informação, fiquei confiante. Não houve hesitação, debate ou objeção. Meu número do *sim* foi 100%.

Naquele ano, minha parceira foi a rainha da formatura. Ela ainda é o amor da minha vida, minha melhor amiga e minha esposa. Aquele encontro foi a venda mais importante e transformadora que já fechei.

12
Pistas Falsas

Ótimo. Agora temos outra pista falsa em nossas mãos.
— A.F. Stewart, *Fairy Tale Fusion*

Nesse outono, um representante de vendas me ligou do nada e criou interesse suficiente para que eu marcasse uma reunião a fim de discutir a plataforma de software de sua empresa. Durante a descoberta inicial, ele fez perguntas bem-pensadas, que aumentaram meu interesse ainda mais.

Concordamos em dar o próximo passo, que seria uma demonstração com minha equipe executiva. Não vou negar, estávamos salivando. Tudo o que ouvimos nos levou a acreditar que esse software como serviço (SaaS) nos ajudaria a aprimorar o programa de ensino para nossos clientes e levar nossas ofertas de E-learning para outro nível. Estávamos ansiosos para ver o programa em ação.

Em uma quarta-feira, às 10h, minha equipe se reuniu em nossa sala de conferências, em frente a uma grande TV de tela plana montada na parede, para a videoconferência e a demonstração online. Quando entramos na chamada, o executivo da conta (EC) já estava presente, junto a um especialista que nos apresentou o software

Após as apresentações e os cumprimentos básicos, o EC perguntou se tínhamos alguma dúvida. Contribuí com uma pergunta que ainda não tinha sido feita: "Quanto isso custa?" Mas não foi assim que perguntei. Estruturei a frase mais como um desafio: "Antes de começarmos, acho que é importante vocês saberem que nosso orçamento está muito apertado. Não somos uma empresa de grandes proporções e não podemos pagar o que vocês cobram dessas marcas grandes que estão na tela [me referindo ao slide vaidoso em que colocaram uma lista de "quem é quem" dos clientes de sua companhia]. Eu apenas não quero perder nosso tempo, se isso estiver fora do nosso orçamento. Então, por que você não nos dá uma noção dos custos?"

E aí *bam*, como um peixe, ele mordeu a isca e se esquivou. Ele gaguejou uma resposta vaga e evasiva, que pareceu defensiva. Foi quando nosso COO o confrontou.

"Precisamos que você seja mais específico. Parece que você não está contando a história toda. Apresente-nos a estrutura de custos completa."

Mais gagueira e nervosismo. A parte racional de seu cérebro estava avisando a ele para não nos dar informações fora de contexto sobre os custos, mas a parte emocional estava passando por cima da lógica, causando o descontrole de sua boca.

Foi quando nosso VP de Desenvolvimento de Currículo se intrometeu. "Já tivemos problemas com custos escondidos no passado, então vamos deixar tudo às claras."

Nesse ponto, o EC caminhava em círculos, parecendo mais defensivo a cada vez que abria a boca. Sua falta de defesa e argumentos servia apenas para criar mais resistência.

Minha equipe o pressionou mais. A situação virou um frenesi. Eles o desafiavam com relação à estabilidade de sua companhia, referências, por que ele não mostrava logos de empresas menores, e por aí vai.

Finalmente, ele cedeu. Expôs os custos de nosso programa, linha a linha, antes da demonstração, e completamente fora de contexto. O custo do programa estava de acordo com o que esperávamos, mas ele cometeu o grave erro de explicar que haveria uma "taxa de serviços profissionais", que compunha 30% do custo total da licença de um ano, porque "precisaríamos de ajuda para configurar tudo".

"Você está me dizendo que seu software é tão complicado que precisamos pagar mais de US$10 mil para você nos treinar e ser nossa babá? Isso é patético."

"Você acha que somos tão incompetentes que não conseguimos aprender a usar sua plataforma? Já usamos o programa de seu concorrente. Estamos falando com você porque queremos um upgrade. Sabemos como usar esse tipo de sistema e não precisamos de sua ajuda."

Aturdido, ele tentou defender sua posição com relação à tal taxa. Fazendo isso, ele cavou um buraco ainda mais profundo. Ele argumentou em seu favor, e minha equipe ficou intratável.

"Não vamos pagar uma taxa de serviços profissionais! Então, se isso é um requisito, não há razão para prosseguirmos."

Ele tentou fazer a demonstração, mas já era tarde. Ele passou a maior parte dos 30 minutos reservados para a reunião discutindo a estrutura de custos. Ficamos exasperados com sua postura defensiva, perdemos a confiança e estávamos com outras reuniões agendadas. Declinamos educadamente e seguimos nosso dia normalmente.

Um pouco mais tarde, naquele mesmo dia, ele me ligou e explicou que sua taxa de serviços profissionais era negociável, e que, se achávamos que conseguiríamos configurar o programa por conta própria, ele ficaria feliz em dispensá-la. Ele queria reagendar a demonstração. Eu o dispensei.

"Dereck, nós estamos superocupados com projetos de clientes e não temos tempo algum disponível na nossa agenda. Ligue-me no próximo mês e talvez possamos agendar outra demonstração."

Dereck pôs tudo a perder com uma *pista falsa*.

Evite Objeções de Pista Falsa

Uma pista falsa é algo que seu cliente em potencial diz, faz ou pede que é confuso, ou distrai você do seu foco ou objetivo da conversa de vendas.

Você aprendeu que evitar objeções é algo estúpido, mas há uma exceção para essa regra. Você deve evitar ser tragado por essas objeções de pista falsa de toda forma.

Supõe-se que o termo pista falsa (*red herring*, no original, em inglês) se origine da prática de arrastar um peixe morto por uma trilha para que o cheiro despiste os cães farejadores. E é exatamente isso que acontece com os vendedores que abandonam o objetivo de sua ligação e se voltam para uma pista falsa. Em vez de seguir a programação e ir para o próximo passo em vista, você:

- Começa a fazer um discurso de vendas.
- Fica na defensiva, e sua boca dispara.
- Fica impaciente, fala por cima do seu potencial cliente e fecha a porta.
- Entra em uma discussão impossível de vencer.
- Inadvertidamente diz coisas que desencadeiam o viés de negatividade subconsciente do seu potencial cliente e confirma sua percepção de que vendedores são jogadores manipuladores e egoístas.
- Pula todos os passos do processo de vendas e vai direto ao preço ou à negociação.
- Responde a questões difíceis, fora de contexto, sem esclarecer a razão para a pergunta, antes de tudo.
- Trata roteiros de comprador simplesmente reflexivos como objeções reais.
- Tenta superar as objeções antes de entender se são reais ou antes da descoberta.
- Introduz objeções que não existiam.

Os vendedores, em geral, são confrontados com pistas falsas bem cedo nas conversas de vendas — no começo das reuniões de descoberta, das demonstrações e apresentações, e durante os apertos de mão, quando há um grupo de clientes em potencial.

As pistas falsas parecem, em geral, inócuas — apenas declarações ou perguntas simples:

"Olhe, antes de prosseguirmos, preciso saber se seus serviços não são muito caros."

"Você precisa saber que não vamos assinar um contrato de longo prazo."

"Só para você saber, não vamos comprar nada de você hoje."

"Tentamos trabalhar com sua empresa antes, e não deu certo."

"Por que suas críticas online são tão ruins?"

"Há várias coisas no seu software de que não gostamos. Vamos precisar que adicione novas funcionalidades."

"Já estamos conversando com seu concorrente."

"A quais empresas de nosso setor você atende?"

"Saiu uma reportagem péssima sobre o seu CEO no noticiário hoje."

Não morda a isca! Quando cai nessas pistas falsas, você acaba com a ligação de vendas, pula passos inadvertidamente no processo de vendas, entrega o controle para os potenciais clientes e fica na mão deles. Pistas falsas, malgerenciadas, são sequestradores emocionais que transformam ligações de vendas em catástrofes.

Você aprendeu que os potenciais clientes levam para as conversas de vendas a bagagem emocional acumulada por uma vida de negociações com vendedores e que são movidos por vieses cognitivos inconscientes. Os clientes em potencial suspeitam de seus interesses. Eles simplesmente não confiam em você. E não querem ser manipulados.

As pistas falsas são basicamente muros que os clientes em potencial erguem para se proteger das vantagens que os vendedores querem tirar.

Objeções

São, em geral, parte do roteiro de comprador reflexivo. Em alguns casos, entretanto, as pistas falsas são conscientes, desafios diretos, pensadas para tirar você do foco e testar sua determinação.

Quando um cliente em potencial o desafiar e a velha reação lutar ou fugir for ativada, permaneça tranquilo, e gerencie suas emoções e respostas. Como os clientes respondem na mesma moeda, em vez de ficar defensivo, contestador ou irritado, utilize-se do comportamento não complementar para virar a página do roteiro. Responda em um tom relaxado e calmo, admita a questão e tome o controle da conversa.

Com as objeções do tipo pista falsa, é necessário controlar os impulsos, e a paciência é uma virtude. A maioria dessas "objeções" iniciais vai embora de vez à medida que seu potencial cliente demonstra interesse e você embarca no processo de vendas. Nos momentos de insegurança, seja cuidadoso para não lhe lembrar dessas objeções fantasmas há muito esquecidas.

Minha regra prática para lidar com uma objeção logo de início é ignorá-la e não falar sobre ela novamente, a menos que meu potencial cliente a coloque de novo em pauta.

PAIS

Quando alguém lança uma pista falsa para você, da sua reação decorrem duas possibilidades: você se mantém no controle da conversa ou se vê em uma situação desastrosa. Contornar as pistas falsas requer um controle emocional enorme, então você precisa de uma tática simples e usual que domine seus impulsos passionais — PAIS (veja a Figura 12.1):

Pistas Falsas

P — Aperte o botão de *pausa* e organize suas emoções.

A — *Admita* e deixe o cliente em potencial saber que você o ouviu.

I — *Ignore* a pista falsa, a menos que apareça novamente, ou...

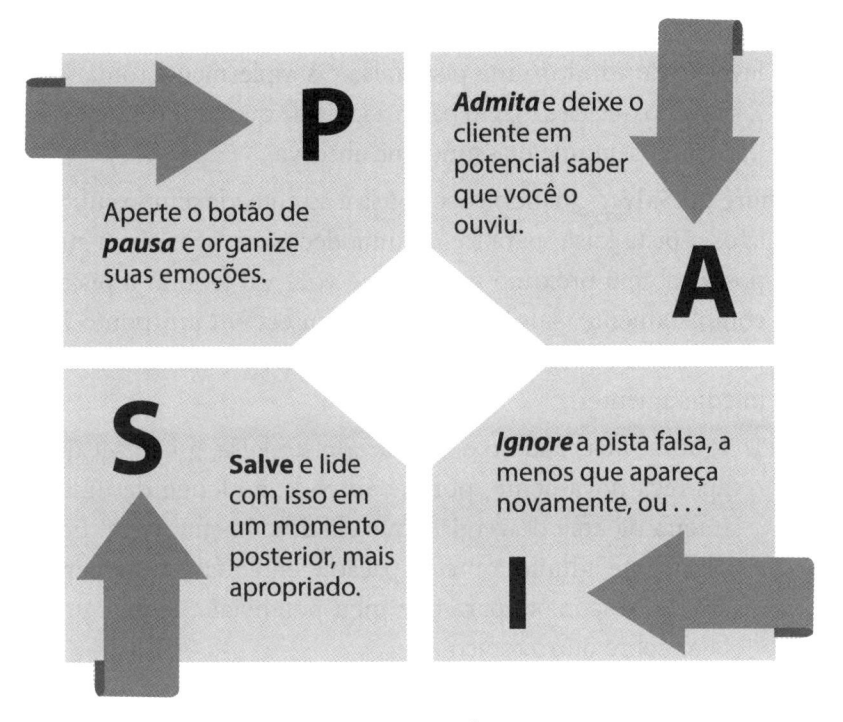

S — *Salve* e lide com isso em um momento posterior, mais apropriado.

Figura 12.1 PAIS para as Pistas Falsas

- Pause
- Admita
- Ignore
- Salve

Pause e Admita: Algumas pistas falsas, especialmente desafios diretos e questões difíceis, desencadeiam sua reação lutar ou fugir. Questões difíceis sobre sua empresa, como reputação, performance de produtos, serviços, colaboradores e concorrência, tendem a deixá-lo aturdido e colocá-lo na defensiva. Aperte o botão de *pausa* (sua recomposição) a qualquer momento que encarar uma pista falsa e organize suas emoções. Admita e deixe o cliente em potencial saber que você o ouviu. Você pode dizer: "Isso faz sentido", "Compreendi" ou "Isso parece importante". Minha forma favorita de admitir uma pista falsa é simplesmente tomar notas. Escrever o que eles dizem passa a ideia de que aquilo é importante para mim sem que o assunto me absorva.

Ignore ou Salve: Quando você pausa e admite, dá tempo suficiente, após a pista falsa, para tomar uma decisão e pensar em sua resposta sobre o próximo passo — se você vai ignorar a pista falsa completamente, salvar para lidar com ela em um ponto futuro na conversa ou, em casos raros, esclarecer e lidar com o assunto imediatamente.

1. **Ignore.** Meu padrão é ignorar a pista falsa, a não ser que ela apareça novamente, porque aprendi, ao longo de uma vida inteira na área de vendas, que ela dificilmente volta. Eu simplesmente admito a preocupação e então faço uma pergunta aberta desconexa para que meu potencial cliente comece a falar sobre outro tópico.

2. **Salve.** Às vezes, há uma preocupação real, uma pergunta legítima ou algo a mais que precisa ser considerado em algum ponto do futuro (embora nem sempre na conversa em questão). Como lidar com isso de imediato pode acabar com a conversa ou introduzir uma questão fora de contexto, é melhor salvá-la e guardá-la para um momento mais apropriado. Se você escolher considerar a preocupação na hora, tenha cuidado para não responder a perguntas sem primeiro esclarecer o que está por trás delas.

Usando a Estrutura de Agenda de Chamadas para Controlar e Evitar Pistas Falsas

Como mencionei anteriormente, a maioria das objeções do tipo pista falsa surge bem cedo no processo de vendas — geralmente na primeira ligação. A estrutura de agenda de chamadas é uma ferramenta poderosa, que o ajuda, nessas situações, a relevar as pistas falsas, assumir o controle da conversa, evitar fazer discursos de vendas e manter a postura profissional e preparada.

Há quatro passos na estrutura de agenda de chamadas, como mostrado na Figura 12.2:

Cumprimente o cliente em potencial com respeito e educação. Assuma um tom profissional. Confirme o tempo disponível para a reunião.

Defina o objetivo da sua chamada e prepare o cliente em potencial para o próximo passo.

Enquadre e tome controle da conversa fazendo perguntas abertas que encoragem o cliente em potencial a falar.

CONTROLE

VERIFICAÇÃO

OBJETIVO

ABERTURA

Verifique a agenda do cliente em potencial. Admita as pistas falsas, mas NÃO AS PERSIGA.

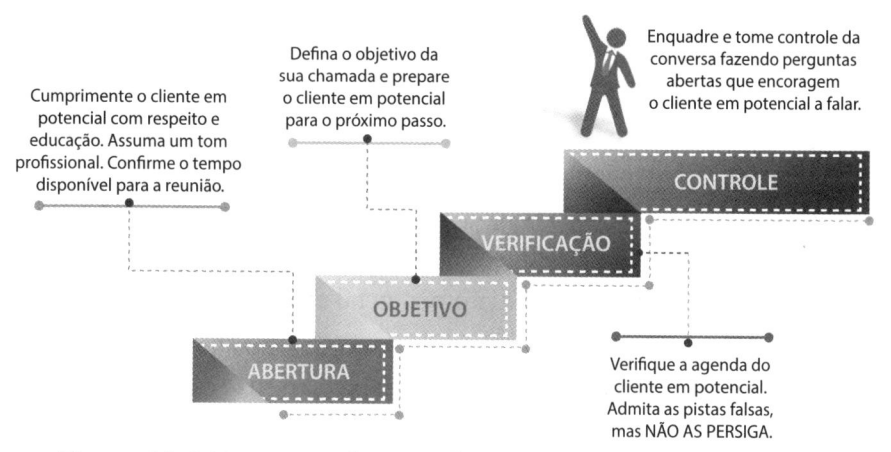

Figura 12.2 Estrutura de Agenda

1. Abertura
2. Objetivo
3. Verificação
4. Controle

Abertura

Comece a conversa assumindo um tom relaxado e profissional, demonstrando respeito e confirmando o tempo disponível para a reunião. Veja um exemplo:

Obrigado por me encontrar. Sei como seu tempo é valioso e agradeço a oportunidade que está me dando de conhecê-lo. Só para confirmar, reservei 30 minutos para nossa reunião. Tudo bem?

Objeções

Se a reunião for presencial, peça permissão antes de se sentar ou colocar qualquer coisa na mesa do potencial cliente. Se você estiver no telefone ou em uma videoconferência, peça permissão para começar. Quando você demonstra educação e respeito de forma sincera, as pessoas tendem a responder da mesma maneira.

Às vezes, seu ciente em potencial estará com pressa ou responderá enquanto olha para o relógio: "Desculpe, só tenho cinco minutos para você hoje. Rápido, fale sobre sua proposta."

Quando isso acontecer, tenha cuidado! É uma pista falsa perigosa. No momento em que o cliente em potencial lhe diz que tem apenas poucos minutos e que você precisa se apressar, ele permite que sua necessidade de se sentir importante assuma o jogo.

"Fale sobre sua proposta", diz o potencial cliente.

"Aaaaaaaaaaah", responde seu cérebro, afogado em adrenalina. "Estou em foco e me sinto importante." Sem nem pensar, sua boca é acionada e seus ouvidos, desligados, bem como os do seu potencial cliente.

Fazer um discurso de vendas rápido no momento crucial raramente dá certo. Seu discurso falha porque é:

- Genérico e tedioso.
- Irrelevante para a situação particular do seu cliente.
- Rápido, fragmentado e difícil de acompanhar, porque você está falando rápido e se comportando irracionalmente.
- Fora de contexto.
- Egoísta, egocêntrico e arrogante.

Entenda que a boa intenção consciente do cliente em potencial em lhe dar uma chance de contar sua história foi motivada pelo sentimento inconsciente de obrigação. O cliente em potencial concordou com a reunião e está renegando esse compromisso. Ele sente que lhe deve algo.

No entanto, no momento em que você aceita essa pista falsa e começa a fazer a venda, o subconsciente do seu potencial cliente fica sobrecarregado. Você é tedioso. Ele não se sente importante, porque você está falando. O viés de negatividade dele começa a amplificar tudo de que ele não gosta em você. Quando você fala rápido, aparenta ser manipulador, duvidoso e ameaçador.

Tudo o que seu cliente em potencial pensa é em quão rápido consegue se livrar de você ou desligar o telefone. Ao longo dessa colisão emocional acidental de cinco minutos, você estraga o relacionamento e dificilmente firma o compromisso para o próximo passo.

Você está em uma alta emocional, porque estava falando. Você se sente importante, e seu viés de confirmação não o deixa perceber que seu potencial cliente está em outra. A reunião termina com uma promessa de "talvez eu lhe telefone", mas está tudo acabado. O cliente em potencial não responderá aos seus e-mails e telefonemas só para dizer oi.

Quando você for pressionado por um potencial cliente com pressa, responda com um comportamento não complementar. Respire, relaxe e pause. Responda calmamente com um tom de voz preocupado:

> *"Cinco minutos não são nada para que eu conheça você e sua empresa. Falar sobre meu produto sem entender suas questões seria um desserviço e uma perda de tempo para você. Você merece mais do que isso. Por que não remarcamos para quarta à tarde, às 14h?" [Repare o pedido presuntivo — sempre ofereça uma hora.]*

O comportamento não complementar (relaxado, calmo e confiante) e sua disposição para ir embora geralmente contornam o roteiro de comprador e atraem o potencial cliente, porque rompem com as expectativas que ele tem sobre seu comportamento. Ele está acostumado com vendedores falando rápido e fazendo discursos de vendas. Você descobrirá que, nesse momento, uma grande parte dos clientes em potencial muda sua postura e disponibiliza tempo para você.

Se a parte interessada realmente não tiver tempo para você, o convite confiante e presuntivo para uma nova reunião fará com que ela diga sim e remarque. A disciplina para resistir a proferir um discurso de vendas em função dessa pista falsa o mantém no jogo.

Objetivo

Em seguida, defina o objetivo da ligação e prepare seu potencial cliente para o passo seguinte:

> *O que eu gostaria de fazer hoje é aprender mais sobre você e sua organização — em particular, como você gerencia relatórios de conformidade. Embora eu não saiba se trabalharmos juntos dará certo, acho que pode ser interessante tentarmos. E, se acharmos um campo de atuação comum, podemos agendar uma reunião com sua equipe de TI para avaliar seu atual sistema de gerenciamento de dados.*

A mente humana abomina o desconhecido. Dizer a seu potencial cliente o que você quer logo de início o tranquiliza e derruba seus muros simbólicos. Além disso, você reduz a carga cognitiva do potencial cliente ao definir um escopo reduzido para a reunião, tornando mais fácil focar e se envolver com a conversa.

Ao definir o objetivo da ligação, você também precisa esboçar uma conclusão: "Embora eu não saiba se trabalharmos juntos dará certo..." Como as pessoas tendem a buscar o que está se afastando delas, a conclusão lhes chama a atenção de duas formas importantes.

Primeiro, ela rompe com as expectativas. As pessoas esperam que você apresente e empurre um discurso de vendas para elas — porque é isso que os vendedores fazem. Diferenciar-se desse padrão chama a atenção e as aproxima.

Além disso, quando você demonstra que não está ansioso em relação ao resultado, que está disposto a ir embora se a negociação não der certo, diz de início que não vai persegui-las. Isso ativa o *efeito de escassez* — as pessoas querem o que não podem ter.

Todo mundo quer ser perseguido. Faz a gente se sentir bem. Você está tirando isso dos potenciais clientes, fazendo com que eles queiram ainda mais. No nível inconsciente, você inverte o roteiro, fazendo com que eles queiram reconquistá-lo.

Por fim, o próximo passo prepara os clientes para a transformação e os leva a dizer sim quando você fizer o pedido, no final da ligação.

A preparação (*priming*) é uma técnica poderosa, que lhe permite segmentar seu pedido em microcompromissos na memória inconsciente do seu potencial cliente. Isso aumenta a probabilidade de que ele concorde com seu pedido e reduz a de você receber uma objeção.

Há múltiplas formas de preparar o cérebro humano. Por exemplo, se eu mostrasse a você uma foto de comida e pedisse para completar com a letra que falta em BOL_, você provavelmente colocaria O, para formar BOLO. Eu preparei seu cérebro injetando uma ideia associada em sua memória.

De forma similar, se lhe mostrasse a cor ou apenas a palavra *vermelho*, aumentaria a probabilidade de você pensar em uma *maçã* em vez de em uma *banana* quando lhe pedisse para pensar em uma fruta.

Como você aprendeu, o cérebro humano é preguiçoso e opta pelo caminho do menor esforço para reduzir a carga cognitiva. Preparar a associação com o vermelho torna mais fácil para o cérebro pensar em *maçã* quando peço para pensar em uma fruta. Quando você dá às pessoas um ponto de referência, elas tendem a seguir a direção indicada por ele.

No caso de nossos potenciais clientes, preparamos sua propensão para dizer sim a um próximo passo injetando a ideia e a expectativa de um novo passo em sua memória no início da conversa de vendas.

Verifique a Pauta do Seu Potencial Cliente

Em seguida, confira se o potencial cliente tem algo para adicionar à pauta; é uma atitude respeitosa e de bom-tom, faz com que ele se sinta impor-

Objeções

tante e valorizado e cria uma sensação de propriedade. As pessoas ficam mais envolvidas quando se sentem incluídas e que sua opinião importa.

"Antes de começar, há algo mais que você gostaria que considerássemos na reunião?"

Em 90% das vezes que você perguntar isso, o cliente vai dizer: "Não, estou satisfeito." Eles concordam com o objetivo definido para a reunião. Uma vez que concordem, tenderão a se manter fiéis a esse acordo e seguir para o próximo passo, para o qual foram preparados.

Em raras circunstâncias, no entanto, eles lançarão uma pista falsa. Nesse momento crítico, você precisa pausar e controlar suas emoções disruptivas, admitir a questão ou preocupação, adicioná-la à pauta da reunião, e ignorá-la ou salvá-la para um momento mais apropriado da discussão.

Não se prenda à pista falsa! Eis um exemplo do que acontece quando você cai em uma delas no passo de verificação da pauta:

Vendedor: "Antes de começar, há algo mais que você gostaria que considerássemos na reunião?"

Cliente: "Da última vez que trabalhamos sua empresa, tivemos uma experiência terrível com seu serviço ao cliente. Se você não consegue fazer um trabalho melhor, não há como comprarmos novamente de você!"

Vendedor: "Não sei o que deu errado da última vez, mas nossa taxa de satisfação de clientes é de 96%, a mais alta do setor. Isso é ocasionado pelo nosso processo de serviço ao cliente Cinco Estrelas, que garante sua satisfação."

Cliente: "Sim, foi a mesma coisa que seu representante de vendas disse da última vez. Mas era tudo mentira. Seus guias não aparecem na data combinada. A qualidade do seu produto é inferior. E quando ligamos para o serviço ao cliente, ninguém retornou. Foi por isso que mudei para seu concorrente. A única razão para deixar você voltar aqui é porque você me disse que poderia bater o preço deles."

Vendedor: "Todos os meus clientes estão muito satisfeitos com o serviço que promovemos. Asseguro que você ficará, também. Nosso produto foi recentemente eleito como o de melhor qualidade do nosso setor, e sua experiência não reflete a dos outros clientes.'"

Cliente: "Olhe, eu não vou ficar sentado aqui discutindo com você sobre a verdade. A qualidade de seu produto foi terrível; e, seu serviço, pior ainda. Por que você não me manda seus preços por e-mail? Se eles forem tão baixos quanto diz, talvez continuemos conversando."

Reunião encerrada. Probabilidade de vitória: zero. Você não pode convencer os potenciais clientes a acreditarem que estão errados.

Eis aqui um exemplo de como contornar habilmente a pista falsa:

Supervendedor: "Antes de começar, há algo mais que você gostaria que considerássemos na reunião?"

Cliente: "Da última vez que trabalhamos com sua empresa, tivemos uma experiência terrível com seu serviço ao cliente. Se você não consegue fazer um trabalho melhor, não há como comprarmos novamente de você!"

Supervendedor (Pausa e Admite): "Nossa, sinto muito ouvir isso. Você não deveria ter passado por isso."

Supervendedor (Salva para depois e define os rumos da conversa): "Deixe eu lhe dizer. Se estiver tudo bem para você, posso lhe fazer algumas perguntas para conhecer você, suas demandas e requisitos particulares? Assim, posso mostrar algumas das muitas mudanças positivas que fizemos desde que trabalhamos juntos da última vez. A partir daí, decidimos juntos se devemos seguir para o próximo passo."

Cliente: "Ok."

Objeções

Supervendedor (Assume o controle com uma pergunta aberta): "Reparei pelo seu perfil do LinkedIn que você está aqui há 17 anos. Não conheço muita gente atualmente com esse tipo de longevidade em uma mesma empresa. Só por curiosidade, quais são as maiores mudanças que você viu no setor desde que veio trabalhar aqui?"

Você percebe que nesse exemplo o vendedor admite a questão, adiciona-a à pauta, e passa pela minúcia da pista falsa estruturando a conversa e tomando o controle quando leva o potencial cliente a falar sobre outra coisa.

Controle

À medida que você avança na conversa de vendas, a tentação de fazer um discurso é forte, e, embora potenciais clientes tenham repulsa por esses discursos, eles vão permitir — e às vezes até encorajar ("diga-me o que você oferece") — que você descarregue sua lista completa de funcionalidade e benefícios.

Você deve controlar suas emoções e a conversa. Comece definindo a estrutura do diálogo. Esse processo envia um sinal direto à parte emocional de seu cérebro para que se cale e deixe a razão controlar sua necessidade disruptiva de se sentir importante. Estruturar a conversa é simples e funciona mais ou menos assim:

> *Se estiver tudo bem para você, posso lhe fazer algumas perguntas para conhecer você, suas demandas e requisitos particulares? Assim, posso mostrar algumas das muitas mudanças positivas que fizemos desde que trabalhamos juntos da última vez. A partir daí, decidimos juntos se devemos seguir para o próximo passo.*

É nessa estrutura que a coisa fica séria. Se for bem conduzida, você ganha o controle da ligação, faz o potencial cliente falar e segue para a próxima etapa. Ao longo do caminho, a maioria das pistas falsas cai por terra. Se não a conduzir bem, no entanto, você começará com o discurso de vendas, e sua ligação e seu relacionamento não irão a lugar algum.

Quando usa essa estrutura ou um conjunto similar de palavras nas reuniões de vendas, condiciona a parte racional de seu cérebro a desligar sua boca. Com prática suficiente, isso se tornará uma segunda natureza.

Em seguida, faça perguntas que levem o potencial cliente a falar. O segredo para isso é expandir a conversa com questões amplas, que sejam fáceis de responder e que eles se sintam bem ao fazê-lo. Assim, você lentamente quebra as barreiras emocionais e constrói conexão.

Quando está fazendo perguntas, e os potenciais clientes as respondendo, você está no controle. Quanto mais eles falam sobre si mesmos, mais se sentem emocionalmente conectados a você, o que lhe abre as portas para coletar as informações de que precisa para justificar e sedimentar o avanço para o passo seguinte. Quanto mais eles falam sobre si mesmos, menos brechas deixam para uma pista falsa retornar, e, assim, o seu número para chegar ao *sim* fica mais interessante.

13 | Objeções de Microcompromissos

Não importa quantos passos você deu para trás, o importante são quantos passos vai dar para frente.
— Provérbio chinês

Quando reviso pipelines, minha pergunta-padrão a cada oportunidade é: "Qual é o próximo passo?" Na sequência, observo os vendedores se contorcerem nas cadeiras e buscarem respostas.

A verdade nua e crua é que a maioria das oportunidades não possui próximos passos. Os vendedores:

- "Esperam um retorno."
- "Ligarão de novo na semana seguinte para marcar o próximo encontro."
- "Juntam propostas e esperam entrar na programação dos tomadores de decisão."
- "Não conseguem entender por que tudo ficou caótico de repente."
- "Tentam retomar o contato."

Objeções

- "Acreditam que o contato que têm levará a proposta para o chefe. Esperam ter novidades ainda na semana corrente."
- "Acreditam que o potencial cliente pareceu interessado em fazer negócios, apesar de ele não retornar as mensagens que deixam."

Eu poderia continuar indefinidamente. Já ouvi todas as desculpas esfarrapadas possíveis. É sempre igual. Não há próximo passo.

As Ruínas das Empresas de Vendas

Negócios estagnados são a praga da área de vendas; eles obstruem os pipelines, arruínam previsões e causam frustrações imensuráveis. Dos CEOs aos representantes de vendas nas linhas de frente, todos procuram formas de fazer os negócios progredirem, reduzir os ciclos de vendas e aumentar a velocidade do pipeline.

As duas questões mais comuns que atrasam as empresas de vendas são prospecção insuficiente (não encher o pipeline o bastante) e congestão do pipeline (não conseguir esvaziá-lo).

É claro que os negócios vão se estagnar, mesmo que você tenha feito tudo certo. Em vendas, é assim que funciona. Não se pode ganhar todas.

Algumas vezes, os negócios retrocedem porque o vendedor se associa a um influenciador de baixo nível, que não está disposto a levar a decisão para os responsáveis ou tem muito medo de passar por um bloqueador e arriscar o bom relacionamento.

Às vezes, os negócios são interrompidos porque o vendedor fez um trabalho ruim com a qualificação, e, antes de tudo, nunca houve realmente uma oportunidade — ele desperdiçou tempo, dinheiro e se desgastou emocionalmente por uma causa perdida.

No entanto, o principal motivo para a maioria das oportunidades — pelo menos 80% — se perder, o que entope e estoura o pipeline de vendas, são os vendedores que não conseguem pedir de forma convincente nem obter próximos passos e microcompromissos.

O Poder dos Microcompromissos

Você pode ter a oportunidade mais bem-qualificada do mundo no papel; mas, se o cliente em potencial não está envolvido, o negócio não se concretiza. É por isso que o envolvimento é minha primeira verificação de qualificação.

Os microcompromissos testam o envolvimento. Quando os potenciais clientes realmente investem *tempo*, *ação* e *emoção* no processo de vendas e compras, há uma probabilidade muito maior de que você feche o negócio e reduza as objeções ao compromisso de compra.

Microcompromissos regulares aceleram as negociações e fomentam a motivação. Cada passo adiante torna o próximo mais fácil. Microcompromissos também o levam a obter vários *sim*. Esses pequenos acordos são cruciais para ajudá-lo a minimizar objeções de compromissos de compra e libertar os compradores do *status quo*. Discutiremos minimização de objeções mais adiante no livro.

Os microcompromissos também lhe permitem utilizar o *efeito de investimento*. Os seres humanos valorizam o que lhes custa mais. Não importa o tipo de investimento — dinheiro, esforço, tempo ou emoção —, quanto mais alto o preço que você pagar por algo, mais ele significará para você. Por outro lado, quando o ser humano ganha algo, sem esforço ou custo envolvido, pouco valor é associado.

A cada microcompromisso, investimento de tempo ou pequeno esforço, os clientes em potencial valorizam ainda mais a jornada de compra e têm um maior senso de responsabilidade em avançar até um resultado. Cada compromisso faz o preço pago aumentar, e voltar atrás se torna mais difícil, fazendo com que sua negociação avance, minimizando objeções e lhe propiciando ter mais influência no processo.

Objeções

A Regra de Ouro das Conversas de Vendas

Vale a pena seguir uma simples regra de ouro nas reuniões de vendas:

> *Nunca saia de uma reunião de vendas, pessoalmente ou por telefone, sem definir e se comprometer a um próximo passo com seu cliente em potencial. Nunca!*

Frases como "Ligo para você semana que vem", "Ligue-me quando se decidir" ou "Mando meus preços por e-mail" não são próximos passos sólidos. Quando você deixa os próximos passos a gosto da sorte e da esperança, seus negócios se estagnam.

Um próximo passo definido e comprometido requer uma ação tanto sua quanto de seu cliente em potencial — e uma data na qual vão se reunir de novo, por telefone ou pessoalmente, para avaliar essas ações. Essa data deve ser gravada a ferro e fogo no seu calendário e no do cliente.

Os potenciais clientes são tão ocupados que, assim que você sai do escritório deles ou quando desligam o telefone, já se esqueceram de você e seguiram para o próximo assunto urgente em sua lista de prioridades. Se você não tem um próximo passo bem-definido no calendário deles, passará o mês seguinte correndo atrás. E os clientes em potencial têm uma forma muito estranha de fugir das coisas que os perseguem.

Você deve ser firme e assertivo ao manter seus negócios caminhando a cada microcompromisso, encontro e passo por vez. Quer dizer que você deve sempre, sempre, sempre pedir e definir o próximo passo.

Os vendedores não conseguem chegar a próximos passos e a microcompromissos porque têm medo de pedir para fazer uma demonstração, um tour pelas instalações, chegar ao tomador de decisão, obter dados para formular um caso de negócio, marcar o próximo encontro ou fechar a venda em si. O medo da rejeição permeia toda interação com o cliente e o faz criar desculpas para justificar sua ausência de contato e o desinteresse em fechar o negócio.

Confie em mim, a dor de um pipeline estagnado, de infinitas ligações para clientes em potencial desinteressados e de ficar criando desculpas para a gerência de vendas sobre suas metas não batidas é bem pior do que a recusa de um cliente em potencial.

É importante entender que, como vendedor, é seu trabalho manter o fluxo de negociações, e você nunca deve esperar que seu cliente em potencial faça isso por você. Por isso você nunca, nunca, nunca deve deixar uma conversa de vendas sem firmar um próximo passo consistente!

A Origem das Objeções de Microcompromisso

Os microcompromissos são uma série de acordos de baixo risco presentes em todo o processo até o compromisso final de compra; qualquer coisa que mantenha o ritmo das negociações e faça seu potencial cliente concordar e avançar, de forma comprometida, para o próximo passo. Os próximos passos incluem:

- Próxima reunião.
- Passeio pelas instalações.
- Demonstrações.
- Acesso à outra parte interessada da instituição.
- Proposta ser levada ao nível executivo.
- Dados e informações.
- Faturas.
- Cópias de contratos.
- Uma garantia do concorrente.
- Café da manhã, almoço, jantar, café.
- Apresentações, propostas, reuniões de fechamento.

A boa notícia é que os clientes em potencial apreciam quando você define o próximo passo. A seus olhos, você parece profissional e organi-

Objeções

zado. Eles respeitam sua atenção aos detalhes e gostam que você valorize o tempo deles o suficiente para manter o processo em movimento.

Quando você pede com confiança e assertividade, os potenciais clientes concordam com os próximos passos com muito mais frequência do que você pensa. É um caminho natural para eles — especialmente porque já investiram tempo em você.

Cerca de 20% das vezes, no entanto, você recebe uma objeção. Ela tipicamente se apresenta como uma dispensa para evitar conflitos. Se você tem recebido uma alta porcentagem de objeções de microcompromisso, deve haver algum problema com a sua boca: ela não fica fechada. Em outras palavras, você deve estar fazendo discursos de vendas para seus potenciais clientes, deixando-os entediados até a morte, sem os ouvir de verdade e tendendo a cortá-los no meio da fala. Você está afastando essas pessoas, e elas não vão gastar mais tempo ou suportar a dor que é lidar com você.

Os clientes em potencial dispensam seus pedidos de microcompromissos quando eles:

1. Não veem valor em gastar mais tempo com você.
2. Não entendem por que deveriam investir mais tempo com você.
3. Sentem como se cada encontro com você fosse uma perda de tempo, porque você falou muito ou estava despreparado.
4. Não gostam de você.
5. Não são o tomador de decisão.
6. Já tomaram a decisão de não fazer negócios com você.
7. Estão apenas usando você para conseguir uma cotação, para saber como negociar com o fornecedor atual ou com outro que escolherem.

Quando os motivos são cinco, seis e sete, provavelmente não se conseguirá fechar negócio algum. O comprometimento com os próximos passos expõe o envolvimento, as intenções e o nível de qualificação dos compradores, o que o liberta para investir seu tempo em potenciais clientes que querem se comprometer. Se o seu potencial cliente discorda de um próximo passo justo após você lhe explicar por que ele é importante, é um bom sinal para se dedicar a outro cliente.

Se ouvir os motivos três e quatro, você tem que cair na real, parar de fazer discursos de vendas, mudar seu comportamento e pedir uma nova chance. O segredo aqui é ouvir com atenção total. Preste atenção às deixas não verbais do seu potencial cliente e adapte seu estilo de comunicação para criar compatibilidade. Em alguns casos, quando você não consegue se conectar emocionalmente com um cliente em potencial de alto valor, levar seu gerente, um profissional sênior ou outra pessoa de sua equipe ajuda a atingir seu objetivo de chegar ao próximo passo e mudar a dinâmica do relacionamento.

Quando os motivos um e dois estão em jogo, você deve ajudar seu potencial cliente a ver valor suficiente para concordar com seu pedido de microcompromisso. A maioria das objeções de microcompromissos ocorre simplesmente porque os clientes em potencial não veem valor em investir mais tempo em você. Eles estão ocupados e querem chegar aos finalmentes. Então pressionam você para pular as etapas do processo de vendas. Você precisa evitar essa situação a todo custo, porque pular etapas cria objeções de compromisso de compra maiores e, às vezes, impossíveis.

A Estrutura de Três Passos para Reversão da Objeção de Microcompromisso

A boa notícia é que objeções de microcompromisso dificilmente são complexas e, a não ser que você já tenha acabado com suas chances, raramente são rejeições diretas. Elas costumam se apresentar como:

"Minha agenda está lotada, então por que você não me liga na próxima semana e combinamos algo?"

Objeções

"Estou superocupado nas próximas duas semanas. Eu lhe dou uma ligada quando as coisas se acalmarem, e podemos nos encontrar."

"Por que você não me manda sua (proposta, orçamento, informações)?"

"Vou dar uma olhada e lhe telefono."

"Vai ser difícil juntar a equipe toda para uma demonstração. Por que você não a faz diretamente para mim e eu explico a eles?"

"Não fico confortável compartilhando as faturas de seu concorrente com você. Isso não é muito ético."

"Minha chefe está muito ocupada, vai ser difícil encaixar a reunião na agenda dela. Passe-me as informações, que as mostro para ela."

"Eu lhe dei todas as especificações necessárias para uma cotação. Parece uma perda de tempo conhecer suas instalações. Não há nada relevante para ver."

"Não entendo por que você precisa falar com nosso departamento de TI. Você não pode apenas fazer um orçamento?"

O segredo para passar pelas objeções de microcompromisso é explicar por que agendar o próximo passo é importante, e isso começa com o controle de suas emoções. Você deve se mostrar profissional, relaxado, confiante — tratando o próximo passo como rotina.

Para isso, use um processo de três passos focado em fazê-lo controlar suas emoções disruptivas e demonstrar ao potencial cliente o valor de ir para o próximo passo (veja a Figura 13.1).

1. Recomponha-se
2. Explique o valor
3. Peça

Recomposição

Como você aprendeu, o propósito da declaração de recomposição é dar à parte racional de seu cérebro o milissegundo de que precisa para entender a situação e assumir o controle das emoções disruptivas decorrentes da recusa do cliente em potencial por um próximo passo, o que lhe permite recuperar seu equilíbrio.

Declarações de recomposição incluem:

- "Foi exatamente por isso que eu perguntei."
- "Isso faz sentido."
- "Muitos de meus clientes sentiam o mesmo antes..."
- "Como assim?"
- "Muitos de meus concorrentes ficariam felizes em fazê-lo sem uma compreensão completa da sua situação em particular."
- "Entendo por que você diz isso."
- "Parece que você está muito ocupado."

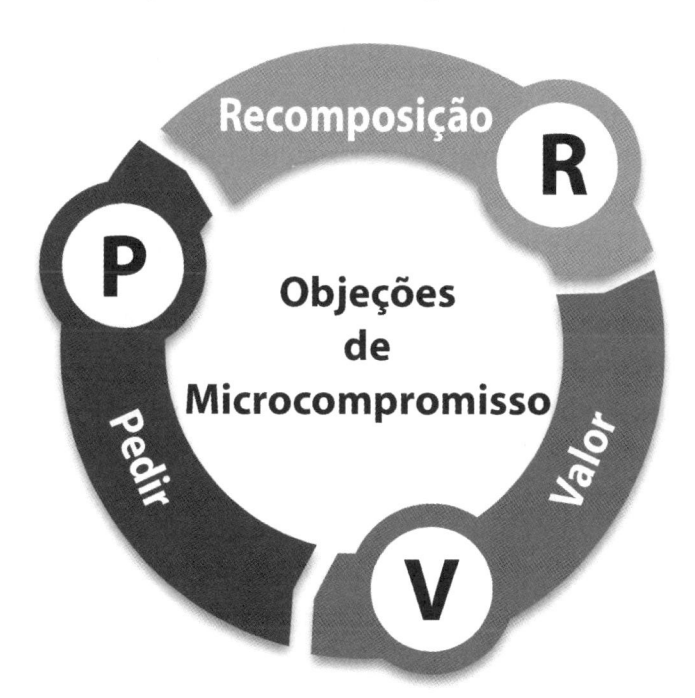

Figura 13.1 Objeções de Microcompromisso

Como você tende a receber as mesmas respostas para pedidos de próximos passos, as recomposições precisam ser memorizadas, repetidas e praticadas até soarem naturais. Quando você aperfeiçoa a recomposição, não precisa se preocupar com o que dizer, o que lhe dá total controle sobre suas emoções.

Fazer uma declaração de recomposição o deixa livre para se concentrar em sua estratégia e no próximo movimento, em vez de reagir de forma inapropriada às emoções disruptivas desencadeadas por seu medo e aversão à rejeição.

Explique o Valor

Reverter as objeções de microcompromisso deve ser algo rotineiro e tranquilo. Afinal, o que você está pedindo tem baixo risco, é justo e apropriado. O cliente em potencial só não compreende por que ir para o próximo passo é importante.

Uma vez que você explique o valor de uma forma que entenda, ele concordará com o próximo passo. É simples assim.

O valor, no entanto, está nos olhos de quem vê. O potencial cliente quer saber: "Qual é a vantagem para mim?" (QEAVPM) — e você deve responder a essa questão. É uma simples troca de valor. Qual é o retorno sobre investimento (ROI) que ele receberá por dar a você tempo, atenção, envolvimento e ação?

O cliente em potencial seguirá adiante pelas razões dele, não pelas suas. É importante se colocar em seu lugar e entender seu ponto de vista. Os clientes em potencial querem sentir que você os entende e a seus problemas (de ordem prática e simbólica), ou que pelo menos está tentando, antes de concordar com os microcompromissos.

Você precisa entender o que é mais importante para eles, e demonstrar que sua proposta é válida nesse contexto. Sua mensagem deve demonstrar um interesse sincero em ouvi-los, aprender sobre eles e resolver seus problemas.

Há três razões básicas para os potenciais clientes concordarem com seu pedido de microcompromisso.

Valor emocional: Seguir para o próximo passo minimiza o estresse, faz com que se sintam importantes, reduz as incertezas, dá esperança e paz de espírito, e reduz os riscos.

Valor de insight: Seguir para o próximo passo gera insights, ou promete insights, para sua empresa, atividade, processos, sistemas, tendências de mercado, sobre seus concorrentes e seus produtos ou serviços; seja como for, tudo isso o ajuda a tomar uma decisão melhor.

Valor tangível: Seguir para o próximo passo produz valor tangível na forma de experiências práticas, amostras, demonstrações, dados, relatórios, apresentações, propostas e aprendizagem.

O desafio para os vendedores é saber qual próximo passo é o ideal conforme a parte do processo de vendas em que estão e expressar seu valor para o seu cliente em potencial. Você perceberá qual é esse momento formulando uma lista de microcompromissos comuns e próximos passos específicos do seu processo de vendas, que impulsionem seu negócio e aumentem a probabilidade de vitória (veja a Tabela 13.1).

Tabela 13.1 Microcompromissos e Próximos Passos

Pedido de Próximo Passo	Seu Objetivo	Valor para o Potencial Cliente	Mensagem Convincente

Objeções

Em seguida, acione sua antena de empatia, coloque-se no lugar de seu potencial cliente e escreva por que isso deveria ser importante para eles. Por que vale a pena investir mais tempo em você? Redija declarações de valor convincentes, nos termos e linguagem do seu potencial cliente.

Simplifique. Lembre-se de que esses são microcompromissos — pequenos passos e pedidos de baixo risco. É fácil para os clientes em potencial dizerem sim. Essas declarações de valor não precisam ser profundas ou complexas; não devem ser discursos de vendas. Evite os jargões, que o fazem parecer um panfleto. Não escreva um tratado. Você não precisa ser perfeito — só bom o suficiente para chegar ao próximo passo.

Eis alguns exemplos:

Quando eles lhe pedirem para mandar por e-mail uma proposta ou o orçamento, diga:

"A maioria dos meus concorrentes está disposta a fazer isso sem um claro entendimento do que torna você único. Eles têm um tipo de fórmula, e os clientes precisam se adequar a ela. Acreditamos que cada cliente é único, então fazemos a fórmula para você. É por isso que precisamos conhecer mais sua situação e fazer uma proposta exclusiva."

Quando eles relutarem com um pedido para conhecer suas instalações:

"Sei que você acha que não há muito o que ser visto, e que seria uma perda de tempo. Ouço muito isso. Mas conhecer suas instalações me possibilita fazer perguntas direcionadas, e conhecer seus processos e sistemas. Consigo ter uma visão mais prática da sua situação, o que me permite fazer uma proposta personalizada e lhe fornecer um planejamento de como atenderemos à sua companhia. Então, com essa informação em mãos, você conseguirá fazer uma comparação mais contundente de suas opções e escolher o que é melhor para a sua empresa."

Quando eles refutarem um pedido de olhar faturas de concorrentes:

"Quase todo mundo do meu setor tem um processo de faturamento diferente. Muitos dos meus concorrentes têm a tendência de constantemente cobrar seus clientes com pequenas taxas que, no final, têm um grande impacto. Embora eu não saiba se é isso o que está acontecendo, olhando as faturas poderei lhe assegurar de que minha proposta vai lhe possibilitar avaliar tudo com transparência e, como bônus, vou lhe fornecer uma análise dos seus gastos, para você compará-los com as referências do setor."

Quando eles falarem: "Dá uma ligada na semana que vem", quando você pedir para marcar outra reunião:

"Estou com a agenda lotada na semana quem vem, e quero ter certeza que lhe darei o tempo que merece. Por que não marcamos uma hora antes de alguém tomar seu lugar? Que tal quarta às 14h30?"

O *efeito da escassez percebida* pode ser usado para fazer com que o potencial cliente concorde com os próximos passos. Quando algo é percebido como escasso ou exclusivo, tem mais valor. Quando algo é escasso e alguém o quer, ganha mais valor ainda.

Quando eles disserem que estão satisfeitos com o fornecedor atual ou com a operação interna, mas estão "abertos a ouvir sua proposta":

"Com base em tudo o que você me disse, parece que você e sua equipe têm um processo que está funcionando. Não parece que há muito o que possamos fazer para ajudá-lo. Recomendo que mantenham o que têm feito."

Ou:

"Considerando que você está feliz com seu fornecedor atual e que ele tem feito um bom trabalho, não vejo como podemos ser úteis. Como você tem ótimos preços e serviços, não recomendo fazer uma mudança."

Pergunta: O que queremos mais do que tudo?

Resposta: O que não temos.

A estratégia de retirada, ilustrada acima, é um comportamento não complementar. Em vez de responder na mesma moeda à dispensa deles, você recua, surpreendendo com esse padrão. Quando algo é retirado de você, sua atenção é elevada e subitamente você o quer. Por essa razão, retiradas — mesmo as muito sutis — atraem os potenciais clientes, mudam seu roteiro e lhe dão o controle da situação.

Um discurso calmo e relaxado e o silêncio são críticos para uma retirada funcionar. Após fazer sua declaração, *cale a boca*! Como um ímã, a retirada atrai o potencial cliente para você e faz com que ele queira se envolver novamente. Quando isso acontecer, você estará no controle, e ele concordará com seu pedido. Se ele não voltar para você, nunca houve um negócio para se fazer.

Peça Novamente!

E aqui estamos. De volta à disciplina de pedir. Uma vez que você tenha explicado o valor do seu pedido de microcompromisso, peça novamente. Não espere que seu potencial cliente faça seu trabalho por você. Não hesite. Não permita uma pausa constrangedora. Peça o próximo passo de forma confiante e presuntiva. Se não pedir, você o perderá.

O benefício de conseguir o comprometimento é enorme. Chegar ao próximo passo motiva, e cada microcompromisso que seu cliente em potencial assume faz com que ele se torne mais comprometido com você. À medida que acelera as negociações, você começa a fechar negócios em um ritmo melhor. Ao investir seu tempo em negócios viáveis com clientes em potencial envolvidos, você reduz o ciclo de vendas, acelera a velocidade do pipeline e aumenta suas comissões.

14

Objeções de Compromisso de Compra

A não ser que seja assumido um compromisso, há somente promessas e esperanças, não planos.

— Peter Drucker

Desde as primeiras páginas deste livro, venho insistindo na verdade nua e crua: se você não pede, não consegue. Ao longo do processo de vendas, você pedirá reuniões e microcompromissos que levam seu negócio adiante. Uma vez que chegue o momento final, você fechará pedindo pela venda.

Os vendedores buscam técnicas de fechamento com o mesmo fervor que os Cruzados buscavam o Cálice Sagrado; mas, como com os antigos cavaleiros, sua busca é inútil, porque eles estão procurando no lugar errado. Não há e nunca haverá um código secreto que destrave o compromisso de compra. Não há técnica que subitamente transforme seu potencial cliente em comprador — sem esforço. Isso não existe.

Objeções

No seu livro pioneiro *The Lost Art of Closing*, Anthony Iannarino defende de forma sistemática e conveniente a tese de que o ato de fechar não é um ponto único no tempo, mas uma série de microcompromissos que ocorrem no processo de vendas. É por isso que pedir e obter próximos passos é tão crítico para conduzir sua negociação até o fechamento.

Isso não quer dizer que não exista um ponto em que você deva pedir, explicitamente, por um compromisso de compra. Especialmente no ciclo de vendas curto e transacional, você deve *pedir* pela venda, de forma confiante e presuntiva. Mesmo em ciclos longos e negócios complexos, em que fechar é muito mais semelhante a um processo, mais cedo ou mais tarde você e seu comprador devem assumir um acordo firme sobre o prosseguimento do negócio.

Pedir pela venda desencadeia *objeções de compromisso de compra*. Às vezes, você pede e recebe um sim diretamente. Acontece, e é ótimo.

É mais provável, no entanto, que durante a etapa de compromisso de compra os clientes em potencial joguem para você questões complexas, negociações e objeções. É um fato da vida. Antes de fechar o negócio, você terá que lidar com objeções, responder perguntas e desenvolver acordos ganha-ganha.

É o Processo de Vendas, Seu Tolo: A Verdade Sobre Objeções Impossíveis

Há, no entanto, algumas objeções de compromisso de compra que são muito difíceis, às vezes impossíveis, de se contornar. Em geral, elas aparecem por que os vendedores pularam passos ou pegaram atalhos no processo de vendas — especialmente na descoberta.

Posso lhe ensinar estruturas e técnicas de reversão de objeções até amanhã de manhã. Mas, se você pegar atalhos no processo de vendas, dominar essas estruturas não fará milagres. Você andará em círculos — frustrado e fracassado.

Ser um vendedor que fecha muitos negócios, defende a mudança, tem a munição necessária para minimizar objeções e conquistar a vantagem para negociar efetivamente requer excelência em todo o processo de vendas — passo a passo. Essa é a lição mais importante para lidar com objeções de compromisso de compra. Pular etapas no processo de vendas aumenta exponencialmente a probabilidade de ser cercado por objeções no fechamento.

Quase todos os vendedores estão familiarizados com o processo de vendas, conscientes de que ele é importante, e entendem as consequências de pular etapas. A maioria das empresas do setor definiu e aperfeiçoou um processo de vendas simples e fácil de executar com passos que são apropriados para o seu ciclo de vendas e a complexidade de seus produtos. Essas organizações também fornecem programas de treinamento em processo de vendas.

Ainda assim, vendedores talentosos, instruídos e bem-treinados sistematicamente pegam atalhos no processo de vendas. Pular etapas é algo epidêmico. Vejo isso todos os dias — até com os meus vendedores, que são experientes. Atalhos são a razão fundamental para os vendedores encararem uma resistência tão ferrenha no fechamento.

O problema não é lógico, nem é de treinamento: é emocional. A causa é um lapso no autocontrole e na disciplina mental.

Em vez de seguir o processo passo a passo, eles pulam etapas, permitem que as emoções disruptivas guiem seus comportamentos e colocam a percepção da situação de lado. Eles aparecem do nada com informações, entram de cabeça em ligações de vendas sem planejamento, produzindo propostas e discursando sobre soluções sem informação, desafiam antes de entender, ficam cegos às influências de outras partes interessadas e pedem sem ter direito algum.

Os resultados de vendas são previsíveis, com base em como os vendedores comandam, executam e movimentam os negócios ao longo do processo de vendas. Siga um processo de vendas bem-projetado com clientes em potencial qualificados, que estejam na janela de compra, e você fechará mais negócios. É a verdade, isso é garantido.

A boa notícia é que, se você praticar a excelência no processo de vendas, pode nunca ter que lidar com objeções. Quando segue o processo de vendas, o fechamento se torna um resultado natural, e você reduz a probabilidade de ter objeções de compromisso de compra, o que não quer dizer que não vai haver objeções. Elas estarão aí. No entanto, você terá menos objeções, e elas serão mais fáceis de gerenciar.

Assim, seu objetivo é coletar tanta informação quanto possível no processo de vendas, trazendo as objeções potenciais à superfície o mais cedo possível e as neutralizando quando puder, construindo relacionamentos com todos os potenciais clientes e conquistando todos os *sim* possíveis, para que, quando houver uma objeção de compromisso de compra, você tenha a confiança e o preparo para superar o não e ajudar seu comprador a se comprometer.

Para mais informações, leia meu livro *Inteligência Emocional em Vendas*, no qual aprofundo o processo de vendas completo.

A Estrutura de Reversão de Objeções em Cinco Passos

"Parece tudo ótimo, mas temos que levar a questão para nossa equipe e reconsiderá-la antes de fazer qualquer coisa." O tomador de decisão na sua frente fecha seu notebook, indicando que a reunião terminou.

"O que exatamente você precisa considerar?", você diz sem pensar. Algo não deu certo, e você sabe instantaneamente que as palavras foram mal recebidas. Você foi longe demais.

O tomador de decisão franze o rosto e responde secamente: "Nós ligaremos quando tivermos decidido."

Encerrado.

Só o que você tem é uma promessa vaga e uma sombra de esperança. Enquanto você caminha para o seu carro, desliga o telefone ou termina a videoconferência, pensa nas diferentes formas como poderia ter lidado com a situação. É fácil acertar na loteria depois do sorteio.

Quando você pede pela venda e recebe uma objeção, as emoções disruptivas o atingem como uma tonelada de tijolos. Parece que você levou um soco no estômago. Seu cérebro se apaga, e você tropeça nas palavras. Você se sente constrangido, insignificante e impotente. Às vezes, congela onde está, paralisado, incapaz de formular qualquer ideia. Outras vezes, você exagera ou, ainda pior, entra em um debate.

É fácil nesse momento ver seu cliente em potencial como um adversário ou tentar levar a melhor em uma discussão. O resultado, no entanto, gira em torno da sua habilidade de controlar suas emoções, conduzir a conversa e influenciar as emoções do seu cliente em potencial.

Isto é obtido através da Estrutura de Reversão de Objeções de Compra em Cinco Etapas, mostrada na Figura 14.1:

1. Expresse empatia
2. Isole e esclareça
3. Minimize
4. Peça
5. Tenha sua opção segura

Empregar essa estrutura aumenta significativamente a chance de obter o resultado desejado. Ao longo deste capítulo, vamos detalhar cada passo com exemplos e, então, juntar tudo.

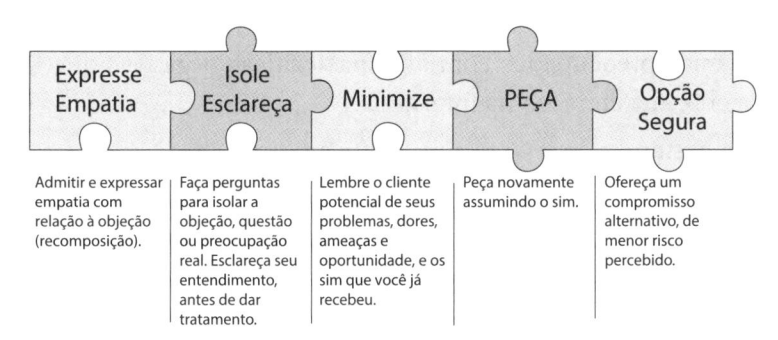

Expresse Empatia	Isole Esclareça	Minimize	PEÇA	Opção Segura
Admitir e expressar empatia com relação à objeção (recomposição).	Faça perguntas para isolar a objeção, questão ou preocupação real. Esclareça seu entendimento, antes de dar tratamento.	Lembre o cliente potencial de seus problemas, dores, ameaças e oportunidade, e os sim que você já recebeu.	Peça novamente assumindo o sim.	Ofereça um compromisso alternativo, de menor risco percebido.

Figura 14.1 Estrutura de Reversão de Objeções de Compra em Cinco Passos

Objeções

Objeções de Compromisso de Compra São Incontáveis

As objeções que os potenciais clientes apresentam a você quando encaram um compromisso de compra são diversas:

"Vamos precisar conversar sobre esse assunto como uma equipe."

"Decidimos dar ao nosso fornecedor atual uma chance de se redimir."

"Meu chefe precisa revisar o material antes que eu possa assumir qualquer compromisso."

"Precisamos enviar isso à equipe de finanças para avaliarem melhor os números."

"Isso é ótimo, mas temos duas outras empresas chegando para nos fazer propostas."

"Temos que esperar até o próximo trimestre para fazer alguma coisa."

"Não queremos assumir nenhum compromisso de longo prazo."

"Preferimos fazer um teste-piloto antes."

"Não sei, é um pouco mais do que pretendíamos pagar."

"Suas taxas são muito altas."

"Vamos continuar com o que estamos fazendo."

"Parece ótimo, mas vamos procurar por aí um pouco mais para ter certeza de que é o melhor negócio."

"Estamos preocupados com algumas críticas negativas que lemos sobre sua empresa na internet."

"Não gostamos do jeito que seu software funciona."

"Não entendemos por que seu produto custa 50% a mais que o de seu concorrente quando são essencialmente a mesma coisa."

"Que garantia vocês me dão de que agirão como o prometido?"

"A última vez que fizemos uma mudança assim foi um desastre."

Ao contrário das objeções de prospecção e de microcompromissos, em que o número de objeções possíveis é finito e previsível, as objeções de compromisso de compra são incontáveis. Elas dependem da situação.

Você receberá objeções relacionadas a orçamento, *timing*, *status quo*, responsável pela decisão (chefe, comitê, cônjuge), autoridade de compras, concorrência, tempo para pensar mais no assunto, necessidade e adequação, falta de tempo e, também, de termos e condições.

É claro, em transações rápidas e vendas que se fecham com uma ligação, a manifestação de objeções de compromisso de compra têm muito a ver com as objeções de prospecção. Nessas situações, as objeções de compromisso de compras podem ser previstas, pois há um número finito de maneiras de formular um não. Sendo assim, é possível e razoável construir roteiros repetitivos de reversão de objeções de compromisso de compra. À medida que a complexidade aumenta, no entanto, lidar com essas objeções requer atenção a detalhes, paciência, influência e entendimento da situação. O processo de superar o não se torna mais colaborativo e se transformará completamente de objeção em negociação. É aqui que a estrutura de cinco passos o ajuda a assumir o controle emocional e a influenciar seu comprador a dizer sim.

Expressar Empatia

O primeiro passo da estrutura para reversão de objeções de compromisso de compra é se colocar no lugar da pessoa que lhe fez a objeção e expressar empatia por ela e seu ponto de vista, de ser humano para ser humano.

Eis Alguns Exemplos:

Comprador: "Seus preços são mais altos que os de seus concorrentes."

Você: "Eu entendo que você se sinta assim. Às vezes eles parecem ser abusivos, e ninguém quer pagar mais do que deve."

Comprador: "Estou preocupado que você não tenha capacidade suficiente para assumir nosso negócio."
Você: "É uma preocupação válida, e se estivesse em seu lugar perguntaria a mesma coisa."

Comprador: "Nós não seremos seu maior cliente: como sei que você não vai se esquecer da gente assim que assinar o contrato?"
Você: "Parece que isso aconteceu com você antes. Você nunca deveria cogitar que sua empresa não é importante."

Comprador: "Preciso pensar um pouco mais nisso antes de prosseguir."
Você: "Entendo. Para tomar uma decisão grande como essa, faz sentido separar um tempo e repensar, para que você tenha certeza de que está fazendo a coisa certa."

Repare que em todos os exemplos estamos simplesmente expressando empatia enquanto pessoas. Não estamos tratando ninguém como um número, subestimando a preocupação, desafiando o ponto de vista, julgando ou começando uma discussão. Estamos apenas expressando empatia: "Eu entendo você, e tudo bem se sentir dessa forma."

Esse passo também serve como uma recomposição, dando à parte racional de seu cérebro tempo para chegar junto e assumir o controle das emoções disruptivas geradas pela rejeição percebida — o quarto de segundo mágico. Ele desacelera as coisas, lhe dá tempo para pensar e o coloca no controle de suas emoções e da conversa.

Concordamos que, quando as pessoas fazem objeções, sua expectativa é a de que o vendedor discuta ou use táticas de manipulação para que elas concordem. Elas se preparam para o conflito. E, quando luta, você as afasta.

Além de lhe dar margem para pensar, a empatia tem o papel de criar um padrão — rompe a expectativa do cliente em potencial de como você lhe responderá e vira a página do roteiro. Quando expressa empatia pelo ponto de vista do outro, você captura sua atenção, o faz repensar e o atrai para você.

Esse comportamento de entender sem julgar faz com que seus potenciais clientes sintam que você os compreende — uma poderosa emoção humana. Ele o posiciona do lado do cliente e ajuda a transformar a conversa de confronto em colaboração. E isso desarma as pessoas.

Isole

O comportamento mais destrutivo quando você lida com objeções é o *pump and pounce*. É a tendência de atacar com todas as forças a primeira objeção que aparece, sem saber se é a única, a objeção real ou a mais importante.

Isolar revela a questão verdadeira e premente. Às vezes, quando você isola as coisas, descobre, por exemplo, que a primeira objeção era apenas uma desculpa:

Você: "Com uma decisão tão importante em mãos, certamente é necessário gastar um tempo para considerar todas as ramificações. Além disso, o que o incomoda em relação à nossa proposta?"

Comprador: "Eu acabei de ouvir de nosso fornecedor atual que estamos encarando um custo significativo para fazer uma mudança. Sua proposta já é maior do que estamos pagando a eles, e não tenho certeza se posso justificar para o meu chefe por que essa mudança é tão válida."

Oriundo da impaciência e do descontrole dos impulsos, o vício do *pump and pounce* fará com que você seja desligado, perca pistas importantes, estrague relacionamentos com discussões e resolva uma questão apenas para encontrar outra, e depois outra.

Para lidar efetivamente com objeções de compromisso de compra, você deve isolar e priorizar cada objeção antes de seguir adiante.

Objeções

Alguns Exemplos Aqui

Você: "Além de sua preocupação com nossa capacidade de atender à sua demanda, há algo mais sobre fazer negócios conosco que o perturbe?"

Comprador: "Também nos preocupamos em fechar um contrato de longo prazo com sua empresa do qual não consigamos sair se as coisas não derem certo."

Você: "Faz sentido. Então parece que ficar preso em um contrato extenso é sua maior preocupação. É isso?"

Comprador: "Sim. Precisamos saber que podemos reincidi-lo se sua empresa não cumprir as promessas que está fazendo."

Comprador: "Preciso pensar um pouco mais nisso antes de prosseguir."

Você: "Com uma decisão grande como essa, é inteligente da sua parte reservar um tempo para pensar um pouco mais, para saber que está fazendo a coisa certa. Só por curiosidade: o que mais o preocupa na minha proposta?"

Cliente: "Vou precisar conversar isso com minha chefe antes de tomarmos qualquer decisão."

Você: "Entendo totalmente, porque tenho que consultar meu chefe para tomar decisões grandes, também. Posso lhe fazer uma pergunta?"

Cliente: "Claro."

Você: "Apenas por curiosidade; mas, além da sua chefe precisar dar uma olhada, quais são as *suas* maiores preocupações?"

Cliente: "Se a decisão fosse minha, eu assinaria agora."

Você: "Que ótimo! E sua chefe? Que preocupações ela terá que necessitarão de um trabalho conjunto para abordar?"

Você: "Ok, entendi. Além disso, há algo mais preocupando você quanto à nossa proposta?"

Comprador: "É isso mesmo. Vai ser difícil justificar o aumento na taxa mensal para o meu chefe."

Os vendedores jogam tudo fora quando começam o discurso de vendas antes de isolar. As emoções disruptivas enganam e os levam a acreditar que controlar a conversa significa ficar falando. Não é nada disso. As pessoas que fazem as perguntas sempre detêm o controle.

Sempre pause e verifique antes de prosseguir se não há nada mais escondido. Se você não está ciente de que há múltiplas preocupações, queimará toda a sua energia emocional superando a primeira objeção apenas para ser surpreendido por mais uma.

Esclareça

Os clientes em potencial nem sempre são claros ou diretos nas objeções. Algumas vezes eles expressam uma preocupação — "seu preço é muito alto" —, mas querem dizer outra coisa — "a licença do software é razoável, mas não vejo valor na taxa de serviços profissionais para a configuração".

Em outras situações, eles vão querer evitar conflito, então farão uma objeção que sentem que vai mandar você embora e terminar a conversa rapidamente: "Preciso pensar no assunto" ou "Vamos levar um pouco mais de tempo para explorar todas as nossas opções".

Às vezes, eles estão confusos e fazem objeções que não têm sentido. Às vezes, expressam uma preocupação diferente usando uma linguagem que quer dizer algo completamente distinto para você.

Por exemplo, eles expressam uma preocupação sobre sua capacidade de lidar com a demanda, mas na verdade se referem ao seu primeiro grande pedido, porque eles têm que atender a prazos prometidos aos clientes. No entanto, você acha que isso quer dizer que eles não acreditam que você consegue gerenciar sua demanda de pedidos, e adota essa postura, acabando por perder o cliente porque vocês não falaram a mesma língua.

Nunca presuma saber exatamente o que seu potencial cliente quer dizer: sempre esclareça. Quando presume, você perde o contexto. E algumas vezes você apresenta uma objeção que não existia. Você faz tempestade em copo d'água. Ou passa totalmente ao largo da objeção real.

O segredo do esclarecimento é fazer perguntas abertas, que levem seu comprador a falar e expressar suas reais preocupações. Você deve evitar perguntas fechadas ou direcionadas, que geram respostas unidimensionais, ou você pode aparentar ser uma pessoa manipuladora e fazer com que seus clientes em potencial ergam muros emocionais e vão embora.

Veja aqui alguns exemplos de questões de esclarecimento:

"Só por curiosidade, quando você diz que nossos preços são muito altos, o que isso significa para você?"

"De quais informações sua chefe gostaria antes de prosseguirmos?"

"Quando você diz que está preocupado com nossos horários de entrega, o que quer dizer?"

"O que em particular no processo de implementação o preocupa tanto?"

"Como assim?" e "Como?" são duas das minhas perguntas de esclarecimento favoritas, e as mais usadas, porque fazem as pessoas falar.

O segredo para superar as objeções não está no que você diz, mas no que ouve. Ouvir leva ao resultado que deseja. Ajuda você a ver além da superfície e realmente entender o que impede seu cliente em potencial de seguir. Não há absolutamente nada mais crítico para superar objeções de compromisso de compra do que fazer boas perguntas de esclarecimento e ouvir. Nada!

Ouvir, no entanto, é especialmente difícil quando você encara objeções. Nessa situação emocionalmente carregada, é fácil sucumbir a suas emoções disruptivas e começar a tagarelar. A disciplina de ouvir requer que você não se esqueça de que, quando está ouvindo, você controla a conversa e aprofunda a conexão emocional com seu potencial cliente — e, assim, o atrai para você.

Você não pode superar o *não* quando ignora a questão principal. Os passos isolar e esclarecer são essencialmente um processo de descoberta. Depois de receber uma objeção, expresse empatia, relaxe e faça perguntas pacientemente para obter clareza. O objetivo é levantar o máximo de informações possível antes de lidar com a objeção.

Minimize

Você aprendeu que as pessoas são naturalmente avessas ao risco, se apegam ao *status quo* e evitam a mudança — mesmo quando é necessária.

Seria fácil apenas dizer aos potenciais clientes que eles estão agindo com base na emoção em vez da lógica; mas, infelizmente, você não pode convencer outras pessoas de que elas estão erradas através de uma discussão. Você não elimina uma objeção ou preocupação apenas com convencimento. As pessoas escolhem aceitar sua proposta e fazer negócios por motivos pessoais, e não pelos seus.

Minimizar é o processo de reduzir a dimensão emocional da objeção do seu cliente em potencial, enquanto maximiza o valor de sua proposta, lembrando a ele de suas dores, desejos, vontades, necessidades, oportunidades e do que vocês já acordaram (os *sim* que você já conquistou), para lhe mostrar um futuro mais claro.

Uma vez que isolou e esclareceu a objeção, você deve interromper a tendência natural do comprador de reforçar seu *status quo*, reconectando-o a razões convincentes para seguir adiante.

A boa notícia é que você tem uma poderosa alavanca humana de influência ao seu lado. Através do processo de vendas, você pediu, e seu potencial cliente concordou com uma série de microcompromissos. Você também trouxe preocupações e questões à tona e lidou com elas enquanto seguia com o processo de vendas.

Objeções

Durante sua proposta, você fez recomendações, propôs soluções, e assegurou que seus clientes em potencial concordassem com a solução e o resultado previsto. Por exemplo:

Você: "Trisha, você me disse que um dos desafios com que vem lidando é a carga administrativa de auditar as faturas de seu setor, porque elas aparecem em momentos diferentes, de múltiplos fornecedores e, várias vezes, acabam perdidas."

"Recomendo que você mude para um único fornecedor, ou no máximo dois. Além disso, vamos configurar um faturamento central, em que você tenha transparência em todas as faturas autorizadas pelos setores em tempo real, usando um painel central, assegurando que as faturas nunca se percam."

"Estimo que o faturamento centralizado economize pelo menos 15 horas por mês. Além disso, você fará uma economia de 20% ao ano em volume de compras."

"Parece ser um plano que funciona para você?"

Trisha: "*Sim.* Parece uma grande melhoria em relação ao processo manual que temos hoje."

Um Bolso Cheio de Sim

Você aprendeu que os seres humanos têm um desejo incontrolável de ser coerentes com seus pensamentos, crenças, compromissos e valores. A cada vez que seu cliente em potencial assume um microcompromisso, a cada vez que você pergunta: "Você acha que isso funciona para você?", e ele diz *sim*, ele fica mais comprometido e interessado nesse estado futuro desejado.

Caso ele seja incoerente com um compromisso prévio, isso desencadeia a dor da dissonância cognitiva.

Mesmo assim, no momento da decisão, ele oscila, dividido entre seu desejo pelo estado futuro e a segurança percebida do *status quo*. Para você, a decisão parece racional e óbvia. Faz sentido. É o próximo passo natural. Mas ele está perdido em suas confusões emocionais.

Quando os potenciais clientes são postos em situações nas quais devem tomar decisões lógicas, são bombardeados por emoções e vieses cognitivos inconscientes. Emoções e escolhas lógicas são em geral opostas e contraditórias. As emoções, no entanto, acabam se sobressaindo.

Se discutir a lógica da decisão, você os afastará, e eles buscarão manter o *status quo*. O debate suscita a reatância e faz com que a negociação se perca.

Em vez disso, você deve minimizar seus medos, acentuar os benefícios da mudança e usar a dor natural da dissonância para tirá-los da zona de conforto. Quando escolhe administrar e atravessar esse campo minado emocional, você obtém o poder de influenciar a decisão.

Eis um exemplo de minimização depois que o comprador pede mais uma vez para pensar no assunto:

Você: "Você precisa que seu escritório de Phoenix esteja online no máximo até abril. Entendi certo?"

Comprador: "Sim, foi o compromisso que assumimos com o Conselho."

Você: "Você também me disse que precisa de um sistema de comunicação completo instalado no primeiro dia. Sua principal preocupação é que o fornecedor escolhido seja capaz de colocar tudo no lugar, testado, a tempo." (Pausa para permitir que ele preencha o silêncio.)

Comprador: "Com certeza. Não podemos perder esse prazo. Tudo precisa estar no lugar, incluindo as configurações de videoconferência em todas as salas de reunião."

Você: "Repassei um plano que você disse que era o mais completo que havia visto."

Comprador: (Concorda com a cabeça.)

Objeções

Você: "Lembro-me de você dizendo que fomos a única empresa que entregou exatamente o que você pediu."

Comprador: "Verdade, mas só preciso de mais umas duas semanas para avaliar tudo."

Você: "Entendo completamente. Sem espaço para cometer erros, você tem que deixar tudo certo. Eis o que me preocupa. Levaremos 60 dias para implementar completamente este projeto. Precisamos de uma equipe de dez pessoas para completá-lo a tempo."

"Uma vez que concordemos em seguir adiante, vai levar cerca de 30 dias para montar a equipe, e preciso pedir o equipamento o mais rápido possível para evitar pedidos atrasados que compliquem a instalação."

"Amanhã estaremos a exatamente 90 dias do seu prazo, e ainda precisamos passar pelos escritórios jurídicos de ambos os lados com o contrato. Se você considerar duas semanas para a avaliação, não vejo como poderemos nos comprometer com o plano que lhe dei. Seria possível adiar a instalação em duas ou três semanas?"

Comprador: (Massageia a têmpora e balança a cabeça.) "Não, esse prazo é inadiável."

Você: "Isso quer dizer que não podemos atrasar nem um dia. Demos a você um plano de implementação que você concordou ser o melhor para o seu projeto. Você concordou que nosso equipamento atingiu seus requisitos de qualidade, e quando seus usuários testaram nosso software, fizeram uma avaliação melhor do que das outras plataformas que você testou. Todos os elementos estão alinhados, e vamos cumprir sua meta. Há alguma razão para não prosseguirmos?"

Comprador: "Você tem bons argumentos. Acho que não. Qual é o próximo passo?"

Repare como usamos o tempo e a paciência para minimizar o medo do comprador de tomar uma decisão ruim desistindo dos vários *sim* que ele já nos deu. Também usamos a meta que ele impôs a si mesmo para criar dissonância.

É por isso, inclusive, que eu adoro quando os compradores têm prazos definidos. Se não tiverem uma data final, faço meu melhor para que se comprometam com prazos durante a fase de descoberta/demonstração do processo de vendas. De forma similar (especialmente em negócios transacionais e de ciclo curto), descontos especiais, escassez de produtos, quantidades limitadas, datas de entrega, pedidos potenciais retornados e análogos criam urgência. Qualquer coisa que crie urgência é uma criptonita para o *status quo* e o viés de segurança.

Você nunca será eficiente minimizando objeções de compromisso de compra sem obter os *sim* durante o processo de vendas. Durante a descoberta, você deve criar uma consciência de necessidade de mudança e ajudar os seus potenciais clientes a articularem suas razões para mudar. Ao apresentar recomendações e soluções, você deve sistematicamente obter a aprovação para cada resultado planejado.

A cada vez que um potencial cliente concordar com um compromisso, mudança, ideia, estado futuro percebido ou recomendação, registre o *sim* e guarde-o com carinho. Quando chegar ao fechamento, você terá um bolso cheio de *sim*. Se o cliente em potencial ficar com o pé atrás (e em geral eles ficam), esses *sim* lhe dão a vantagem necessária para minimizar preocupações, acionar a dissonância, ajudar seu comprador a superar o medo da mudança e dizer adeus ao *status quo*.

Deixe-me ser completamente claro, no entanto: ao lidar com objeções de compromisso de compra, a descoberta é tudo. Você não terá qualquer chance de minimizar objeções se pulou ou pegou atalhos no passo da descoberta do processo de vendas.

A descoberta é feita de perguntas. É onde a mágica realmente acontece em vendas. Uma pergunta estratégica incute dúvida sobre um fornecedor, crença ou processo habitual, fazendo com que o cliente em potencial considere o risco de não agir.

Com exceção de colocar os negócios corretos no pipeline para começar, nada que você fizer no processo de vendas terá maior impacto na possibilidade de vitória que a descoberta efetiva. A descoberta é o alfa e o ômega — o começo e o fim. Use o processo de descoberta para:

- Desvendar necessidades, problemas, dores, medos e oportunidades.
- Promover o autoconhecimento.
- Desafiar o *status quo*.
- Expor objeções, medos e preocupações mais cedo.

Essa informação lhe possibilita romper o campo de força do *status quo* e dos vieses de segurança sem prejudicar seu relacionamento. Permite que você tire vantagem do comprometimento e da coerência, porque você lembra seu comprador de suas próprias palavras em vez de fazer um discurso de vendas, discutir ou o ameaçá-lo — com suas razões — para que ele acredite estar errado.

Usando a Prova Social para Minimizar Objeções

O que sabemos empiricamente sobre o comportamento humano é que os seres humanos seguem a manada. Somos impelidos a fazer o que os outros estão fazendo. Quando algo é popular, quando vemos outras pessoas fazendo, achamos que é seguro fazer o mesmo.

Quanto mais as pessoas fazem alguma coisa, acreditam em algo ou compartilham uma opinião, maior é a probabilidade de que sejamos atraídos e queiramos fazer ou acreditar na mesma coisa. Usamos de modo eficaz o julgamento das massas como um substituto para nosso próprio julgamento, o que reduz a carga cognitiva e torna a tomada de decisões em ambientes complexos mais fácil.

Essa é a *heurística da prova social*, e é uma forma poderosa de minimizar o medo e facilitar para seu comprador continuar no processo. A prova social é especialmente poderosa quando seu comprador está prestes a optar por você, mas questiona se os resultados que apresentou se materializarão ou se o processo para implementar sua solução atrapalhará suas atividades.

É nesse ponto que estudos de casos, testemunhos por escrito, referências e resultados de negócios minimizam o risco percebido e tornam mais fácil para o seu comprador prosseguir. É importante saber, entretanto, que não existe uma fada madrinha da prova social. O processo não se materializa por si só.

Claro, se você trabalha para uma grande empresa, o departamento de marketing providenciará alguns estudos de casos e garantias de marketing para a prova social. O problema é que isso geralmente é um material genérico e abrangente. A prova social funciona melhor quando é oriunda de pessoas ou negócios similares a seu cliente em potencial, localizados na bolha da familiaridade.

Uma vez vendi um serviço que a maioria dos meus clientes em potencial já havia usado. Assim, meu foco inicial era questionar o fornecedor com que trabalhavam. No fechamento, o medo de que a transição de um fornecedor para outro fosse um desastre disruptivo era a principal objeção, e quase sempre a razão que fazia o comprador ficar com o pé atrás. Essa também foi a jogada de mestre do meu concorrente.

Quando fui questionado por essa objeção, eu a minimizei com meu livro de cartas de recomendação. Era um fichário de três furos, com cartas plastificadas de meus clientes, no papel timbrado deles, falando como a transição foi tranquila quando eles fecharam comigo.

Meu processo para obter as cartas foi simples:

1. Assumi a responsabilidade e garanti que a implementação do serviço corresse bem.
2. Perguntei a meus felizes clientes se poderiam me dar uma carta de recomendação — a maioria me respondeu com um sim enfático.

3. Escrevi a carta para eles (já havia preparado um padrão adaptável). Esse foi o segredo para receber as cartas, pois eles nunca a escreveriam se ficasse por conta deles.
4. Enviei a carta de referência por e-mail e pedi que imprimissem com seu papel timbrado, ou pedi permissão para fazê-lo com seu logotipo.
5. Acompanhei-os para me assegurar de que eles concluiriam o processo. As pessoas são ocupadas, e às vezes você precisa lembrá-las de seus compromissos.

O resultado foi uma ferramenta de prova social que usei para abater meus concorrentes. Quando um comprador ficava indeciso entre fazer negócios comigo ou manter o *status quo*, meu livro de recomendações quase sempre dava conta do recado.

Você deve agir com intenção e de forma sistemática ao construir ferramentas de prova social que ajudem seus compradores a confiarem que você cumprirá com o que promete. Você deve pedir cartas de recomendação e testemunhos no LinkedIn, reunir estudos de caso e cuidar das referências. Não deixe ninguém fazer isso para você, e não fique com vergonha de pedir. Se você não pedir, não conseguirá nada.

Pedido

Após minimizar as objeções do seu potencial cliente, você deve pedir novamente seu compromisso. Não hesite. Não espere ele fazer o trabalho por você. Peça de forma confiante e presuntiva o que quer.

Você: "Com base nesses números não faz sentido esperar, então por que não começamos?"

Comprador: "Concordo. Quais são os próximos passos?"

Se você esperar seu cliente em potencial fazer o trabalho por você, o *status quo* voltará a dominar, e você vai acabar como um: "Quero pensar mais nisso."

Juntando Todas as Peças

Você (na sequência de sua apresentação): "Jim, com base no que discutimos, faz sentido prosseguirmos. Precisamos só da sua assinatura no contrato e marcamos a primeira reunião de implementação."

Jim: "Tudo parece ótimo, mas preciso pensar um pouco mais antes de prosseguir."

Você: "Para uma decisão grande como essa, é bom separar um tempo para considerar e ter certeza de que está fazendo a coisa certa. Só por curiosidade, o que o preocupa mais na minha proposta?"

Jim: "Bom, eu disse a nosso fornecedor atual que estamos pensando em trocar. Eles ligaram logo antes de você chegar e nos informaram que enfrentaremos um custo significativo para fazer uma mudança. Como sua proposta já é mais dispendiosa do que o que pagamos para eles, não tenho certeza se consigo justificar para a minha chefe por que fazer uma mudança vale a pena."

Você: "Nossa! Que maneira impositiva de forçar a renovação do contrato, especialmente depois de todas as falhas de serviço com que você teve de lidar. No entanto, compreendo totalmente por que seria difícil justificar um custo não planejado como este para o seu chefe. Seria uma conversa difícil."

Jim (revirando os olhos): "Eles realmente estão dificultando muito as coisas para nós."

Você: "Além do custo da troca, o que mais o preocupa em fechar com a minha empresa?"

Jim: "Na verdade, nada. De fato, se não fosse essa bobeira da rescisão de que eles falaram, já teríamos assinado com vocês."

Objeções

Você: "Quanto eles estão dizendo que vai custar para deixá-los?"

Jim: "Eles estão fazendo as contas, mas meu gerente financeiro indicou que será mais de US$10 mil."

Você: "Ok, entendi. Jim, quando estávamos discutindo os problemas que vocês tiveram usando os serviços desses caras, você me disse que lhe custava por mês cerca de US$1.100 em horas de trabalho perdidas e por volta de US$4.200 em vendas perdidas. São esses os números?"

Jim: "Sim, é isso mesmo."

Você: "Você há de convir que o plano que lhe recomendei possibilita que sua equipe de serviços cuide das questões de atendimento, o que vai melhorar a retenção de clientes." (Pausa para permitir ao comprador preencher o silêncio.)

Jim: "Gostei do plano, e acho que funciona para nós."

Você: "Lembro-me também de você dizer que sua chefe estava lhe cobrando as vendas perdidas, que essa era a questão mais urgente para ela, e foi por isso que você concordou em me encontrar, antes de tudo. Simplificar o processo caótico e os obstáculos que seus clientes encontram para fazer uma simples compra consertarão o problema imediatamente. E isso deixará a Angela feliz, certo?"

Comprador: "É por isso que precisamos fazer essa mudança. Se consertarmos o problema das vendas, ela vai ficar animada."

Você: "É exatamente o que ambos queremos — uma chefe feliz. Também quero facilitar sua vida tirando todas as preocupações desnecessárias do seu caminho. Temos só que mostrar à Angela que a negociação vale a pena do ponto de vista financeiro."

"Vamos dar uma olhada nos números. Neste momento, você está perdendo US$63.600 por ano com seu fornecedor atual. Claro, você está certo — trabalhar conosco representa um gasto um pouco maior no seu orçamento mensal."

"No entanto, você vai eliminar as vendas perdidas e os custos de pessoal, além de economizar US$34.800 por ano."

"Mesmo com os US$10 mil que seu atual fornecedor afirma custar a mudança, você vai ter um ROI de cerca de US$25 mil no primeiro ano."

"A boa notícia é que eles tentaram fazer o mesmo com a RoCo, um dos meus outros novos clientes, este ano. Susan Myers, que trabalha lá, negociou incessantemente e terminou acertando com eles por menos de US$2 mil. Estou certo de que você pode fazer o mesmo, e sei que Susan ficaria feliz em lhe explicar como lidou com eles. O que acha?"

Jim: "Eu não tinha visto a situação por esse ângulo, e estou feliz de saber que não estamos sozinhos lidando com esses caras. Eu gostaria que você me apresentasse à Susan."

Você: "Basicamente, fazer essa mudança vai lhe proporcionar uma economia imediata e significativa. Além disso, com a retenção de clientes aprimorada, maiores vendas e uma experiência melhor para seus empregados, você já tem a base sólida de que precisa para fazer a mudança, e duvido que a Angela discorde."

Jim (sorrindo): "Também acho."

Você: "Com base nesses números, não faz sentido aguardar para começar o processo de implementação, então por que não começamos?"

Jim: "Concordo. Quais são os próximos passos?"

Retirada

Embora tenha executado eficazmente cada passo do processo de reversão, você ainda pode receber um não. Isso é desapontador e frustrante, mas é preciso evitar uma batalha de gritos que poderia destruir o relacionamento, então assuma o controle de suas emoções.

Você também precisa assegurar que sairá com um compromisso alternativo que mantenha a motivação. Se você acabar com algo vago, como "Precisamos conversar de novo — que tal você nos ligar no final da próxima semana?" ou outra bobagem sem sentido, há uma alta pro-

Objeções

babilidade de que sua negociação seja interrompida e encerrada. Você tem que tomar uma atitude.

- Agendar uma reunião.
- Começar o processo de implementação.
- Fazer uma demonstração adicional.
- Oferecer um período de teste ou piloto.
- Realizar uma pequena compra.
- Fornecer um produto ou pacote alternativo.

Tenha suas melhores alternativas, ou retiradas (múltiplos caminhos são melhores que um só), planejadas antes de sua ligação de fechamento. É uma boa ideia praticar e ensaiar com antecedência todas as potenciais objeções que você pode receber.

Pratique os piores cenários possíveis. Exponha todas as objeções possíveis e suas respostas, e passe pelo processo de cinco passos até que você lide com todas elas com tranquilidade.

Descobri que a prática torna as pessoas imunes a obstáculos, prepara você para gerenciar as emoções disruptivas e torna muito mais fácil pensar rápido, em tempo real. Você também descobrirá que, quando planeja e ensaia, as objeções que encara no fechamento são muito mais brandas que o inicialmente esperado.

15 | Virando a Probabilidade de Vitória a Seu Favor

A vida é a escola da probabilidade.

— Walter Bagehot

Vamos conferir pela última vez:

- Ouvir um *não* é horrível.
- A única forma de evitar o *não* é nunca pedir.
- Se você não pedir, não venderá nada.
- Se não vender nada, sua receita sofrerá, você não conseguirá pagar as contas e será demitido.
- Perder o emprego e passar fome é mais horrível do que o *não*.
- *Sim* é melhor do que *não*.
- Há um número para se chegar ao *sim*.
- Para conseguir o que quer, peça um número de vezes suficiente e você conseguirá um *sim*.
- Chegar ao *sim* quer dizer que você deve superar um monte de coisas ruins, na forma de *não*, da rejeição e das objeções.

Objeções

- Você pode reduzir a probabilidade de receber um *não* e mudar seu número do *sim* virando as probabilidades de vitória a seu favor.

Considere que você esteja em uma pequena arena privada. No piso, no centro, há dois mestres enxadristas envolvidos em uma partida disputada em que o ganhador leva tudo. Todos os assentos da arena estão ocupados e há silêncio total, enquanto cada mestre calcula sua probabilidade de vitória com o próximo movimento.

Na mesa final do Campeonato Mundial de Pôquer, depois de milhares de jogadores terem sido eliminados, há poucos jogadores e um milhão de dólares na aposta. A cada carta, a cada mão, a ansiedade no ar é quase palpável. Os jogadores, atrás de óculos escuros para disfarçar suas emoções, empolgam-se à medida que calculam a probabilidade de vitória de cada mão, aposta, carta, descarte ou blefe nesse jogo de alto risco.

No xadrez e no pôquer, cada movimento e cada mão têm uma probabilidade de vitória. É uma questão de matemática baseada no que está na mesa ou no tabuleiro. Os apostadores profissionais e mestres enxadristas disputam e ganham o jogo calculando a probabilidade de sucesso de cada movimento.

É com base na probabilidade, também, que os vendedores de alta performance jogam o jogo de vendas. A cada movimento, cada pergunta, cada palavra que emitem, demonstração, apresentação — tudo o que eles fazem ao longo do processo de vendas é calculado e projetado para virar a probabilidade de vitória a seu favor e reduzir as chances de as negociações empacarem, e de receberem resistência e objeções.

Há pouco branco e preto, e certo e errado, em vendas. A cada situação de vendas, há sempre múltiplos caminhos para tomar e múltiplas técnicas para empregar. Como os mestres enxadristas e os jogadores de pôquer profissionais, você deve escolher o caminho que lhe dá a probabilidade mais alta de vencer, com base em sua situação.

É claro, nada é garantido em vendas. Você não sabe qual é a verdadeira probabilidade de vitória de um negócio até ele ser vencido ou perdido. Há, no entanto, botões que você pode apertar para colocar a probabilidade de sucesso a seu favor e melhorar seu número do *sim*.

O mais importante é o controle emocional. Já repeti várias vezes durante este livro que a principal variável que você deve administrar são suas emoções; porque, nas situações de vendas, as pessoas que exercem o maior controle sobre suas emoções têm a maior probabilidade de obter o resultado que desejam. Quando assume o controle de suas emoções disruptivas, você imediatamente aumenta suas chances de ganhar o negócio.

Prospecção Fanática

Para os vendedores, o controle emocional começa e termina com um pipeline cheio. Quando seu pipeline está cheio, você se sente mais confiante, consegue se desapegar emocionalmente de seus resultados, tem maior probabilidade de trazer as objeções à tona, tem o equilíbrio para lidar com praticamente toda objeção que surgir e negocia nos termos e preços que merece.

Infelizmente, no entanto, a maioria dos vendedores gasta seu tempo no parque de diversões da fartura ou da pobreza, brincando na montanha-russa do desespero. As atividades de prospecção e do topo do pipeline não são priorizadas. Elas são arbitrárias e irregulares, no melhor dos casos. Esses vendedores prospectam com intensidade apenas quando estão na pior, com um pipeline vazio.

Quando os vendedores atingem o fundo do poço, com um pipeline vazio, começam uma relação íntima e pessoal com a lei universal da necessidade. Ela diz que quanto mais você precisar fechar o negócio, é menos provável que o consiga. Quando toda a esperança de sobrevivência recai sobre uma, duas ou até um punhado de contas, a probabilidade de vitória despenca.

O desespero é uma emoção disruptiva que cria resistência e aumenta a probabilidade de você ser rejeitado. Quando está desesperado, você se apega tanto ao resultado de que *precisa* que acaba afastando seu cliente em potencial. Você demonstra falta de confiança, medo perceptível, comportamento irracional e tomada de decisão ruim.

Nesse estado, os clientes em potencial percebem seu desespero. Eles são naturalmente repelidos pelos vendedores carentes, desesperados e patéticos. Quando exala desespero, você só cria resistência, objeções e rejeição.

É exatamente por isso que os vendedores de alta performance prospectam fanaticamente. O caminho mais fácil para ganhar confiança é ter um pipeline cheio de oportunidades qualificadas. Quando você não precisa do negócio, é mais fácil se desapegar do seu medo da rejeição. Em uma situação de abundância, você toma melhores decisões e pede de forma confiante aquilo que deseja.

Quem prospecta fanaticamente carrega consigo muitos cartões de visita. Essas pessoas conversam com estranhos em consultórios médicos, eventos esportivos, na fila do café, em elevadores, conferências, aviões e trens, ou em qualquer lugar em que possam encontrar potenciais clientes.

Elas acordam cedo e vão para o telefone. Durante o dia, batem em portas. Entre suas reuniões, prospectam com e-mails e mensagens de texto. À noite, conectam e envolvem-se com os clientes em potencial nas mídias sociais. Quando estão cansadas, com fome e fartas da rejeição, elas fazem *mais uma ligação*.

Elas não reclamam como bebês por não ter leads, nem choram na máquina de café, com todos os outros perdedores, suas mágoas por não entenderem por que ninguém está comprando. Elas não culpam os gerentes de venda, produtos, serviços ou a economia. Elas se mexem, assumem a responsabilidade e dominam os seus territórios. Elas geram os próprios leads e, através de trabalho árduo, determinação e perseverança, fazem a própria sorte.

Os vendedores de alto desempenho são extremamente conscientes dos perigos de um pipeline de vendas vazio. Eles sabem que isso os torna vulneráveis à rejeição e aumenta a resistência, criando uma espiral descendente que detona a performance. Tudo depende da prospecção e do pipeline. Um pipeline de vendas cheio significa controle emocional e poder. Significa comando sobre a própria vida!

Qualifique, Qualifique, Qualifique

Um dos benefícios que um pipeline cheio lhe concede é a possibilidade de ser exigente. Quando tem muitas oportunidades para escolher, você ganha o luxo de investir seu tempo nos negócios mais qualificados, com maior probabilidade de vitória.

Considere por um momento que você tenha duas ligações de fechamento. Atrás de uma porta, a probabilidade de obter uma objeção forte e um *não* é de 80%. Atrás da outra, a probabilidade de um *sim* é de 80%. E se você soubesse antecipadamente onde está a probabilidade de obter um sim? Pense em como seu nível de confiança e estado emocional estariam em cada ligação, quando você pedisse o compromisso. Quando você sabe que a probabilidade é alta, sua confiança aumenta e você tem um controle maior de suas emoções.

Em vendas, tudo começa com um cliente em potencial qualificado. Você deve ser altamente disciplinado na qualificação, porque potenciais clientes qualificados são raros, e todo tempo desperdiçado com um cliente desinteressado poderia ter sido investido em quem vai comprar.

Se estiver trabalhando com o potencial cliente errado no momento errado, lidando com a parte interessada incorreta e comunicando a mensagem ou solução errada, você só amplificará as objeções. Na maioria dos casos, essas objeções serão insuperáveis.

Os vendedores de alta performance são mesquinhos. Eles investem seu tempo apenas em clientes em potencial que têm alta probabilidade de fechar o negócio e aprenderam como gerenciar a emoção nociva e disruptiva do apego. Eles são disciplinados o suficiente para se afastar do cliente no momento em que sentem a probabilidade de fechar o negócio caindo abaixo de um patamar aceitável.

A coragem de abandonar ou se desapegar emocionalmente de clientes em potencial de baixa probabilidade requer um pipeline cheio,

Objeções

um processo sistemático para qualificar a probabilidade de vitória das oportunidades antes e depois de entrarem no seu pipeline, além de disciplina emocional.

Mapeie as Partes Interessadas da Conta

De negócios fechados em uma simples ligação àqueles complexos, de ciclo longo, as emoções, motivações, percepções e vieses cognitivos, humanos e irracionais, das partes interessadas impactam sua probabilidade de vitória.

Um conjunto de partes interessadas decidirá o resultado final de cada oportunidade de seu pipeline de vendas. Cada uma dessas partes interessadas tem sua função — algumas maiores, outras menores, mas todas têm o potencial de aumentar ou reduzir sua probabilidade de vitória.

Nas negociações simples e de pequeno porte, as partes interessadas podem assumir múltiplos papéis. Quando as negociações são maiores e mais complexas, esses papéis podem ser especializados e bem-definidos. Em alguns negócios, os papéis das partes interessadas serão transparentes, prontamente disponíveis e fáceis de discernir. Em outros, o mapa de clientes interessados é opaco.

Há cinco partes interessadas básicas (CABIC), que você encontra em todos os negócios, menos nos que se resolvem em uma ligação:

Compradores
Amplificadores
Buscadores
Influenciadores
Coaches

Os vendedores de alto desempenho trabalham incansavelmente para identificar e mapear todas as partes interessadas em potencial, para entender seus papéis no processo de compra.

Não dê chance para o azar. Pontos cegos com partes interessadas reduzem sua probabilidade de ganhar e geram, em alguns casos, objeções impossíveis. Da prospecção à qualificação, do momento em que um negócio entra no pipeline até o fechamento, quando você mapeia, entende, influencia, neutraliza e compreende claramente as motivações pessoais de cada parte interessada, aumenta a probabilidade de vitória.

Planeje a Ligação de Forma Estratégica

Os resultados das vendas são previsíveis, com base em como os vendedores alavancam, executam e fazem os negócios se movimentarem pelo processo de vendas. Siga um processo bem-estruturado, com clientes em potencial qualificados, que estejam na janela de vendas, e você fechará mais negócios. É a verdade, e é garantido.

Infelizmente, muitos vendedores desconsideram esse princípio e improvisam, porque, nas palavras de um vendedor de performance medíocre que encontrei recentemente: "Eles não gostam de ser limitados por regras." Esses vendedores preferem traçar o próprio curso, iludidos achando que agir do seu jeito é melhor. Confie em mim: não é. Improvisar é estupidez.

Os vendedores de alta performance planejam as ligações de vendas com antecedência, porque esse planejamento é um elemento crítico para aumentar suas chances de vitória.

Planejar a ligação o ajuda a considerar múltiplos cenários para o resultado do contato, desenvolver uma pauta, preparar perguntas com antecedência e determinar os microcompromissos que você vai pedir. Ele o ajuda a antecipar as objeções e desenvolver alternativas de retirada.

Preparar-se para ligações de vendas pode ser tão simples quanto fazer uma pesquisa e rabiscar anotações, quando você está trabalhando com negócios de ciclo curto e baixa complexidade, ou tão elaborado quanto desenvolver perfis detalhados das partes interessadas e alinhar esse planejamento a uma estratégia de vendas abrangente, para negócios mais heterogêneos.

Independentemente da complexidade da conta, há quatro perguntas as quais você deve responder antes de cada ligação, enquanto a planeja:

1. O que você já sabe, incluindo informações que pode encontrar sem perguntar a seu potencial cliente?
2. O que você quer saber ou aprender na reunião?
3. Qual é o objetivo de sua reunião?
4. Qual é o próximo passo que você tem em vista?

Sua probabilidade de vitória e seu número do *sim* melhoram quando essas perguntas são feitas e respondidas antes de qualquer reunião com um cliente em potencial.

O que Você Já Sabe

Saiba o máximo possível sobre a organização e as pessoas com quem vai se reunir antecipadamente. Use a tecnologia, mídias sociais e a internet para levantar informações sobre os potenciais clientes e suas empresas. Há cinco benefícios em fazer isso:

1. Evita que você faça perguntas estúpidas, que demonstrem despreparo.
2. Ajuda a preparar perguntas para fazer seu potencial cliente falar.
3. Você aprende a falar a língua do seu cliente em potencial.
4. Faz seus clientes em potencial se sentirem importantes, porque você apresenta evidências de que se importou o suficiente para se esforçar em conhecê-los.
5. Torna você consciente, antes da reunião, de *potenciais objeções*, que devem ser reveladas de início.

O que Você Quer Saber

Ao longo do processo de vendas, sua tarefa é defender que você é a melhor opção para as partes interessadas de seu cliente em potencial. Essa postura começa e termina na descoberta. A cada vez que você encontra um comprador ou cliente em potencial, seu objetivo é coletar informações que o permitam montar esse quebra-cabeça. Ao longo do caminho, você deve ir coletando os *sim*. Esses sim são cruciais para minimizar as objeções.

Antes de fazer a ligação, é preciso esclarecer o que você quer aprender. É assim que você define o objetivo de sua ligação. Uma vez que tenha determinado o que quer ou precisa saber, desenvolva e pratique as perguntas que fará durante sua reunião.

Objetivos da Reunião e Próximos Passos Pretendidos

Cada ligação de vendas deve ter um objetivo simples e fácil de explicar, para que tanto você quanto seu cliente em potencial saibam por que estão conversando e aonde estão tentando chegar. Seu objetivo deve estar alinhado com o momento em que você está, ou deveria estar, no processo de vendas.

De forma similar, você deve ter um próximo passo pretendido claramente definido, alinhado com o processo de vendas. Antes de entrar em uma reunião com um cliente em potencial, faça e responda estas duas perguntas:

1. Qual é o meu objetivo?
2. Qual é o meu próximo passo pretendido?

Se você não consegue responder claramente a essas perguntas, a probabilidade de encarar objeções difíceis ou sair da reunião sem um próximo passo é alta.

O Passo de Confirmação

O passo de confirmação reduz a resistência e a chance de você ser pego de surpresa, ou despreparado, por objeções durante demonstrações, apresentações e reuniões de fechamento.

Esse passo de confirmação acontece entre a descoberta e sua apresentação ou demonstração. Utilize-o para permitir que seu cliente em potencial corrija qualquer premissa incorreta que você tenha feito e priorize as questões que mais importam.

Simplesmente agende uma reunião curta no telefone ou pessoalmente com seus potenciais clientes para confirmar e verificar prioridades, problemas, preocupações e oportunidades que você levantou na descoberta. Essas conversas curtas em geral não duram mais do que 15 minutos e funcionam assim:

"Oi, Mandy. Obrigado por me dar tempo para aprender sobre você e sua empresa. Mal posso esperar para lhe mostrar minhas recomendações na nossa reunião semana que vem. Antes disso, no entanto, quero ter certeza de que não vou desperdiçar seu tempo com coisas irrelevantes. Como levantei várias oportunidades para ajudá-la, queria revisar minhas premissas com você só para ter certeza de que estou no caminho certo."

Mandy confirma minhas premissas, prioriza o que é importante para ela, coloca algumas potenciais objeções e me diz exatamente o que preciso fazer para fechar o negócio. Isso mostra a ela que me preocupo com suas necessidades e preocupações, demonstra meu compromisso com a excelência e a faz se lembrar de minha marca mais uma vez antes da apresentação, fortalecendo ainda mais nosso relacionamento. Também sei que essa atitude me destaca, porque nenhum dos meus concorrentes dará esse passo adicional.

O passo da confirmação aumenta sua confiança e controle emocional, porque você vai para as apresentações e demonstrações sem surpresas, sabe exatamente que soluções deve apresentar e quais problemas resolver — sabendo, assim, que a probabilidade de vitória é alta. E isso torna a assinatura do contrato e o fechamento da venda banais.

Comitê de Elite

Um comitê de elite é uma ferramenta poderosa para aumentar as probabilidades de vitória das maiores oportunidades do seu pipeline. Reunir um grupo para explorar cada cenário potencial que poderia acabar com sua negociação lhe dá uma verdadeira epifania para a negociação. Nada é poupado. Cada parte interessada, potencial armadilha, concorrentes e nossas próprias fraquezas devem ser tratadas como possíveis vilões. Você deve levar todas as potenciais objeções para *o comitê* — não importa o quanto sejam remotas.

O comitê de elite expõe pontos cegos, confiança exagerada, falta de cuidado, vieses de confirmação, fraquezas e lacunas no seu entendimento. Expõe objeções que não foram levadas à tona ainda porque você andou temeroso em fazer perguntas difíceis e encarar a realidade.

A objetividade é um grande problema para os vendedores, que em geral veem apenas os fatos que reforçam suas crenças sobre o negócio. O viés da confirmação humana também é forte nos vendedores.

O comitê de elite exige que você faça perguntas difíceis, cutuque as lacunas em suas premissas e encare a verdade nua e crua. Ajuda você a ter uma postura verdadeira e estratégica com relação às oportunidades do pipeline, permitindo que a lógica e a objetividade superem o apego emocional, os vieses cognitivos e a ilusão. Acima de tudo, expõe lacunas no seu conhecimento, prepara você para superar as potenciais objeções antes de elas aparecerem, ajuda a desenvolver alternativas de retirada, dá as evidências necessárias para sair de negócios de baixa probabilidade de fechamento e aumenta sua confiança.

Pratique e Avalie os Cenários

Certa vez, Mark Twain disse: "Experimentei muitas coisas terríveis na minha vida, poucas de fato aconteceram."

De um ponto de vista puramente evolucionário, a preocupação pode ser uma coisa boa, porque as pessoas que evitam perigos a princípio

Objeções

têm maior probabilidade de perpetuar seus genes. Mas há uma grande diferença entre evitar algo que pode matá-lo e permitir que a preocupação sobre as potenciais objeções o tire do eixo.

Preocupar-se com eventos que ainda não ocorreram é uma praga que assola os vendedores. Quando passa aqueles cenários em sua mente, você se vê falhando, constrangido ou rejeitado, o que leva à insegurança. Você pensa demais, força a barra, tropeça nas palavras, esquece tópicos essenciais e permite que a ansiedade obscureça sua consciência da situação.

O resultado: *objeções!*

A forma mais eficaz de lidar com a preocupação, o estresse e as emoções disruptivas é preparando-se e praticando antecipadamente. Reserve desde o início um tempo para se preparar, pesquisando as pessoas envolvidas, colocando-se em seu lugar e considerando seus pontos de vista. Pense nas objeções escondidas e nas perguntas que pode fazer para que elas venham à tona.

Utilize-se do processo do comitê de elite, antecipando perguntas difíceis que seus membros possam fazer, pistas falsas que possam soltar e todas as potenciais objeções.

E então pratique, pratique e pratique! Repasse a demonstração ou apresentação em sua mente várias vezes antes da reunião. Desenvolva recomposições, respostas e esclarecimentos para cada questão e objeção em potencial. Ensaie a conversa de vendas com seu gerente ou algum colega. Considere todos os piores cenários, para estar preparado para qualquer eventualidade. Visualize a situação e o seu sucesso.

A preparação acalma a mente e constrói confiança. Você se programa para prever as emoções disruptivas e levar a melhor. Quando você planeja, pratica e ensaia, a situação real é quase sempre mais fácil do que aquela que você imaginou. Mais importante, a preparação e a prática calibram a curva de probabilidade a seu favor e melhoram seu número do *sim*.

16 | A Busca Incansável pelo *Sim*

Em vez de me espremer para passar pela brecha da porta, simplesmente a derrubei.

— Shaquem Griffin

Martelo em mãos, Stephen bateu um prego na parede perto da pequena mesa de onde escrevia. Ele tinha 14 anos quando pendurou sua primeira carta de rejeição. Quando estava com 16 anos, o prego não conseguia mais suportar o peso das cartas que havia recebido. Então ele substituiu o prego por um gancho e continuou escrevendo.

Anos mais tarde, depois da universidade, dois filhos, empregos horríveis, chefes ruins e totalmente duro, ele ainda escrevia e colecionava rejeições.

Ele vendia histórias aqui e ali, mas acabou se contentando com um emprego de professor para sustentar sua jovem família. Ainda não era o suficiente para pagar as contas. Vivendo em uma casa pré-fabricada, dirigindo um carro quebrado e lutando contracheque a contracheque, ele sofria para conseguir apenas cobrir os custos dos remédios básicos para quando seus filhos ficavam doentes.

Objeções

O estresse tornou cada vez mais difícil encontrar tempo para escrever e viver sua verdadeira paixão. Mas ele nunca desistiu. Ele preenchia seu tempo livre com a escrita e continuava a juntar as cartas de rejeição.

Em uma tarde igual a qualquer outra, ele estava sentado em sua sala de aula dando notas aos trabalhos. Os alto-falantes tocaram, e alguém disse seu nome: "Stephen, venha até o escritório principal, por favor."

Quando chegou ao escritório, ele viu sua esposa em pé e imediatamente pensou no pior. Mas nesse dia sua vida mudou para sempre. Sua esposa estava carregando uma carta de aceitação de um editor para o seu livro *Carrie, a Estranha*.

Hoje, há poucas pessoas que não conhecem o nome Stephen King, um dos mais prolíficos e respeitados escritores de nossa geração.

O Sucesso É Pago Antecipadamente

Nas vendas e na vida, o sucesso é pago antecipadamente. O preço é trabalho árduo, sacrifício, dor, sofrimento, paciência, persistência e *rejeição*. Claro, há uns poucos sujeitos de um sucesso só que dão sorte, e adoramos ler as histórias sobre milionários que ganharam na loteria. Mas esperar que um feliz acaso caia de uma árvore e o acerte na cabeça é uma estratégia terrível, que, estatisticamente falando, nunca dá certo.

Para atingir seus objetivos, subir na escada corporativa, construir um negócio de sucesso, alcançar suas metas de receita e realizar qualquer coisa que queira, você deve pagar um preço, e esse preço deve ser pago de início, e não há preço maior que o da rejeição. É por isso que a maioria das pessoas não vai além da esperança e do sonho. O medo de rejeição é tão forte e poderoso que impede as pessoas de atingir sucesso, felicidade, contentamento, riqueza e realização mais do que qualquer outra variável. O medo da rejeição destrói vidas, faz com que as pessoas coloquem seus sonhos de lado e vivam em uma angústia silenciosa, e deixa milhões e milhões de pessoas se remoendo de arrependimento em seus leitos de morte.

A História, é claro, está repleta de histórias inspiradoras de pessoas que quebraram as correntes da rejeição e atingiram um grande sucesso.

Harland Sanders viajou pelo país, morando em seu carro, cozinhando frango para donos de restaurantes e aprimorando suas 11 ervas e temperos. Dizem que falaram *não* para ele mais de mil vezes. Mesmo assim, ele encontrou os *sim* suficientes para transformar o Kentucky Fried Chicken em uma das marcas mais icônicas da Terra.

Fred Smith persistiu, apesar da rejeição, quando um professor lhe disse que seu conceito de entregas da noite para o dia não tinha mérito nenhum, e construiu o império da FedEx e todo um setor em sua esteira.

A série *Harry Potter*, de J.K. Rowling, foi rejeitada impressionantes 12 vezes antes de se tornar uma das séries de livros mais lidas de todos os tempos e torná-la bilionária.

Steve Jobs foi rejeitado pela Hewlett-Packard e Atari antes de começar a Apple, com Steve Wozniak. Segundo Jobs: "Fomos até a Atari e dissemos: 'Ei, nós temos essa coisa fantástica, construída até com algumas peças suas, o que vocês acham de investir na gente? Ou nós a daremos para vocês. Só queremos fazer. Pague nossos salários e viremos trabalhar para vocês.' E eles disseram: 'Não.' Então fomos para a Hewlett-Packard, e eles disseram: 'Olhem, não precisamos de vocês. Vocês nem terminaram a universidade.'"

Após seu sucesso inicial com a Apple, Jobs foi rejeitado, humilhado e despedido sumariamente da companhia que fundou. Claro, todos sabemos o resto da história da Apple. Sua história de retorno é uma lenda moderna.

E por aí vai, história após história de pessoas famosas e gente comum que enfrentou o medo e a dor da rejeição para atingir seus sonhos — de todas as proporções. Todos conhecemos pessoas que pagaram o preço e não permitiram que as excessivas rejeições e humilhações as impedissem de atingir seus sonhos.

Nunca Deixe Ninguém Dizer que Você Não Consegue

Isso está em contraste total com os bilhões de pessoas que permitiram que seu medo de rejeição as mantivesse presas. Essas pessoas tristes, em seus leitos de morte, estão cheias de arrependimento por não terem encontrado a coragem de perseguir seus sonhos ou colocar seus talentos em ação. Falando francamente, a maioria das pessoas desiste depois de uma rejeição, poucas passam de duas, e há incontáveis milhões que nem se arriscam, para começar.

Na minha cena favorita do inspirador filme *À Procura da Felicidade*, o aspirante a corretor Chris Gardner (interpretado por Will Smith) aconselha seu filho: "Nunca deixe ninguém dizer para você que não consegue fazer alguma coisa, nem mesmo eu."

É um lembrete pungente que a rejeição e o ridículo estão à espreita em cada canto. Há pessoas em todos os lugares que lhe dirão rapidamente o que você não consegue fazer. Por causa das próprias falhas, grilos emocionais, ciúmes e uma visão distorcida do que é possível, essas pessoas desencorajam o sucesso ou ignoram o potencial. Elas rejeitam e ridicularizam ideias, sonhos, objetivos e conceitos. Elas furtam e pisam na alegria. A única relação que têm com o sucesso é a inveja.

A rejeição é frequentemente empregada como uma arma. Como o medo da rejeição é biológico e dói, os seres humanos aprenderam a usá-lo para fazer as pessoas ficarem na linha e se conformarem.

Quando você diz que pode, alguém sempre vai dizer que não. Quando você sonha grande, alguém vai estar lá exigindo que você acorde. Quando acreditar em si, outros tentarão criar insegurança. Quando você agir, haverá pessoas de visão limitada que trabalharão para impedi-lo, criando obstáculos.

A maioria das grandes invenções, livros, filmes, conceitos e pessoas talentosas que mudaram o mundo foi inicialmente rejeitada. O telefone, de Alexander Graham Bell, foi rejeitado, a máquina Xerox foi rejeitada, o rádio foi rejeitado, e as invenções de Thomas Edison, também. A lista é infinita.

"Sem talento, estúpido, impossível de trabalhar, impossível de usar, sem mercado, sem uso, ridículo, besteira, não consegue dançar, cantar, atuar, jogar, liderar, vender" — ao longo da história, essas palavras foram utilizadas para criticar, colocar no ostracismo e ridicularizar.

E, mesmo assim, pessoas grandiosas rompem as barreiras e prevalecem. Há evidências de que a rejeição age como um catalisador que fornece criatividade para as pessoas que aprendem a adotá-la.[1] Se usarmos a história como guia, a rejeição alimenta a resiliência, persistência, determinação e desempenho em pessoas que a abraçam em vez de evitar suas dores.

A rejeição ensina você a perseverar, sacrificar-se e aguentar a dor quando quer muito alguma coisa, porque, para realizar praticamente tudo, você deve suportar o potencial e a realidade da rejeição. Essa adversidade aumenta sua resistência e o torna mais forte — intelectual e emocionalmente.

A rejeição atua como uma seta apontando para as oportunidades certas. Quando você está sendo rejeitado, quer dizer que está indo na direção certa.[2]

Shaquem Não Pode Competir

Eu não sei se alguém realmente disse essas palavras sobre Shaquem Griffin, mas estou certo de que já pensaram.

Shaquem nasceu com uma doença congênita extremamente rara chamada síndrome da banda amniótica, e, por consequência, sua mão esquerda teve de ser amputada quando ele tinha quatro anos. Shaquem amava futebol americano. O fato de não ter uma das mãos nunca o deteve. Seu pai e sua mãe o encorajavam a viver seu potencial pleno, e seu pai até inventou engenhocas que permitiam a Shaquem levantar pesos e treinar como seus colegas.

Objeções

Ele e seu irmão gêmeo, Shaquill, uma estrela talentosíssima do futebol americano, fizeram um pacto de não se separarem quando fossem para a universidade. Eles jogariam pelo mesmo time. Quando Shaquill foi recrutado pela Universidade da Flórida do Sul, mas os técnicos ignoraram Shaquem, Shaquill desistiu. Os dois irmãos finalmente acabaram na Universidade da Flórida Central.

Na UCF, Shaquill rapidamente mostrou sua excelência e se tornou titular. Shaquem, no entanto, ficou no time reserva, com pouco tempo de jogo. Ele foi empurrado para baixo na lista e ignorado. Os técnicos conseguiram seu prêmio, Shaquill, então ignoraram o irmão sem uma das mãos. Eles não achavam que ele conseguiria competir.

Shaquem sabia que tinha o necessário para contribuir com o time, mas estava difícil convencer os técnicos a acreditarem nele. Tudo o que ele queria era uma chance. Ele ficou tão desmotivado que considerou abandonar ou pedir transferência. Mas se manteve firme. A rejeição o tornou mais forte e mais determinado. Ele a usou como combustível para trabalhar com mais afinco e provar que pertencia ao campo de jogo.

Depois de a UCF ter uma temporada constrangedora com 12 derrotas e nenhuma vitória, uma nova equipe de técnicos assumiu. Havia um número para o *sim*, e, no caso de Shaquem, o número tinha o nome do técnico Scott Frost. Frost e seus técnicos-assistentes viram algo em Shaquem. Enquanto todos os outros viam apenas um jogador que não tinha uma das mãos, o técnico Frost viu talento, alma, garra e liderança. O técnico Frost deu a Shaquem a oportunidade que ele tanto queria.

Shaquem fez história liderando o programa de futebol americano da Universidade da Flórida Central em uma das maiores reviravoltas de todos os tempos. De uma vergonhosa temporada de nenhuma vitória e 12 derrotas, a equipe se redimiu com um ano de 12 vitórias e nenhuma derrota, coroada com a vitória sobre Auburn, um forte programa patrocinado pela SEC, do Peach Bowl. O irrefreável Shaquem foi nomeado o jogador defensivo do ano da AAC e é um dos jogadores mais condecorados na história do futebol americano da UCF. Ele se tornou uma inspiração de vida para milhões de pessoas.

Shaquem não consegue competir? Nunca deixe ninguém dizer o que você não consegue fazer. Nunca!

Pare de Criar Desculpas

Não importa o que faça, sempre haverá aqueles que o rejeitarão e ficarão no seu caminho. Aprenda a tratar bem seus detratores. Aprenda a canalizar sua rejeição em motivação. Sempre que alguém lhe impuser um obstáculo, ou quando for rejeitado, entenda como um sinal claro de que você está chegando mais perto de seu objetivo.

A maioria das pessoas nesse mundo vive na mediocridade e nunca alcança seu potencial. Esses haters não conseguem aceitar quando um sonhador como você chega no meio deles e declara:

> Começarei meu próprio negócio; serei promovido; mudarei minha carreira; ajudarei pessoas; escreverei um livro; correrei uma maratona; fecharei aquele grande negócio e entrarei para o clube do presidente; quebrarei o roteiro e jogarei futebol americano tendo apenas uma das mãos. Nada pode me segurar. Eu vou vencer. Eu vou VENCER!

Eles tentam imediatamente o desencorajar e despedaçar. Eles assentam uma fortaleza de rejeição para que você se conforme com a versão do que acham que é normal.

A realidade brutal é que algumas pessoas se tornam vítimas da rejeição, enquanto outras a queimam como combustível. Algumas pessoas se afundam em desculpas e arrependimentos, enquanto outras gerenciam suas emoções, superam o medo e agem.

Sempre haverá forças externas além do seu controle. Sempre haverá alguém ou algo no seu caminho. Sempre haverá aquelas bobeiras que você fica reforçando para si mesmo que você não consegue. Sempre haverá uma razão para procrastinar e esperar por "algum dia". E sempre haverá alguém esperando para jogar a rejeição em você. Quando permite que o medo da rejeição o controle, você se torna uma marionete para os desejos e opiniões dos outros.

Aqui, agora, neste momento: esta é a hora de parar de criar desculpas. É hora de romper os grilhões do medo, procrastinação e rejeições. Repita este mantra:

> Começando hoje, não permitirei mais que a rejeição me controle ou as minhas ações. Assumirei a responsabilidade pela minha vida. Definirei meu próprio curso. Farei o meu sucesso. Agirei. Persistirei. Pedirei com confiança aquilo que quero. Encontrarei as lições na rejeição. Vou abraçá-la e permitir que abasteça minha ambição. Olharei para frente, e não para trás. Transformarei meus haters em motivadores. Serei empoderado pelas minhas circunstâncias, e não castrado. Farei coisas que os outros não estão dispostos. Não criarei mais desculpas. A rejeição não é mais a minha dona. Hoje é o dia da minha independência. Eu vou VENCER!

Notas

Capítulo 2

1. Wang, Shirley, "Comportamento Contagioso" (Contagious Behavior), Association for Psychological Science, https://www.psychologicalscience.org/observer/ contagious-behavior.

Capítulo 4

1. António Damásio, *O Erro de Descartes: Emoção, Razão e o Cérebro Humano* (Companhia das Letras, 2012; publicado originalmente em 1994).
2. Richard Culatta. "Cognitive Load Theory (John Sweller)", InstructionalDesign.org, 2015, http://www.instructionaldesign. org/theories/cognitive-load.html.
3. Dr. Mark P. Mattson, "Superior Pattern Processing Is the Essence of the Evolved Human Brain", *Frontiers in Neuroscience* 8 (2014): 265, http://www.ncbi.nlm.nih.gov/pmc/articles/PMC4141622/.
4. Vocabulary.com, "heuristic", Vocabulary.com Dictionary, https:// www.vocabulary.com/dictionary/heuristic.
5. Daniel Kahneman, *Rápido e Devagar: Duas Formas de Pensar* (Editora Objetiva, 2012).

Notas

6. Lori A. Harris, *Cliffs AP Psychology* (Hoboken, NJ: John Wiley & Sons Inc., 2007), p. 65.
7. Ver Nota 4.
8. Ver Nota 5.
9. Leon Festinger, *A Theory of Cognitive Dissonance* (Stanford, CA: Stanford University Press, 1962).

Capítulo 6

1. Um estudo de imagem publicado em 2011 no *Proceedings of the National Academy of Sciences* mostrou que tanto a rejeição social quanto a dor física geravam atividade nas regiões cerebrais do córtex somatossensorial secundário e do lobo da ínsula. E um estudo publicado em 2017 no periódico *Social Cognitive and Affective Neuroscience* mostra que as estruturas do lobo da ínsula e córtex somatossensorial secundário são ativadas tanto quando experimentamos a rejeição social quanto quando testemunhamos outras pessoas sofrendo.
2. Um estudo pequeno de pesquisadores da escola de medicina da Universidade de Michigan também demonstrou que o sistema receptor mu-opioide do cérebro libera analgésicos naturais, ou opioides, em resposta à dor social. Acontece de ser o mesmo sistema que libera opioides frente à dor física. Ver "Social rejection shares somatosensory representations with physical pain", por Ethan Krossa, Marc G. Berman, Walter Mischel, Edward E. Smith e Tor D. Wager, http://www.pnas.org/content/108/15/ 6270.full.pdf.
3. Guy Winch, *Como Curar Suas Feridas Emocionais: Primeiros socorros para a rejeição, a culpa, a solidão, o fracasso e a baixa autoestima* (Sextante, 2014).
4. Guy Winch. "Why rejection hurts so much and what to do about it", Ideas. TED.com, 8 de dezembro de 2015, http://ideas.ted.com/ why-rejection-hurts-so-much-and-what-to-do-about-it/.
5. Guy Winch. "10 Surprising Facts About Rejection", Psychology Today, 3 de julho de 2013, https://www.psychologytoday.com/blog/ the-squeaky-wheel/201307/10-surprising-facts-about-rejection.
6. Ibid.

Capítulo 8

1. Jia Jiang, *Rejection Proof* (Nova York: Harmony Books, 2015).
2. Scott G. Halford, *Activate Your Brain: How Understanding Your Brain Can Improve Your Work—and Your Life* (Austin, TX: Greenleaf Book Group Press, 2015).
3. Christopher Clarey. "Olympians Use Imagery as Mental Training", *The New York Times*, 22 de fevereiro de 2014, http:// www.nytimes.com/2014/02/23/sports/olympics/olympians-use-imagery-as-mental-training.html?_r=0.
4. Matt Neason. "The Power of Visualization", Sports Psychology Today, 8 de agosto de 2012, http://www.sportpsychologytoday.com/sport-psychology-for-coaches/the-power-of-visualization/.
5. Amanda L. Chan. "This Is Why Rejection Hurts", Huffington Post, 13 de março de 2014, http://www.huffingtonpost.com/ 2014/03/13/rejection-coping-methods-research_n_4919538.html.
6. James Clear. "How to Be Confident and Reduce Stress in 2 Minutes Per Day", JamesClear.com, n/d, http://jamesclear.com/body-language-how-to-be-confident.
7. http://lifehacker.com/the-science-behind-posture-and-how-it-affects-your-brai-1463291618.
8. Amy Cuddy, "Your body language may shape who you are", TED Talks, 1º de outubro de 2012, https://youtu.be/Ks-_Mh1QhMc.
9. Tara Bennett-Goleman, *Alquimia Emocional* (Editora Objetiva, 2001).
10. Daniel Goleman, *Focus* (Nova York: Harper Paperbacks, 2015), p. 194.
11. Dictionary.com, "obstacle."
12. Bruce Martin, Mary Breunig, Mark Wagstaff, Marni Goldenberg, *Outdoor Leadership, 2nd Edition*, (Human Kinetics, 2 edition, 1º de maio de 2017).
13. Outward Bound. "About Us: History", OutwardBound.org, https://www.outwardbound.org/.
14. https://www.spartan.com/en/race/obstacles/obstacle-details.
15. Anett Gyurak, et al. "Individual differences in neural response to rejection: the joint effect of self-esteem and attentional control", *Social Cognitive and Affective Neuroscience* 7:3, 1º de março de 2012, p. 322–331. https://www.ncbi.nlm.nih.gov.

Notas

Capítulo 9

1. Belinda Luscombe, "Why We Talk About Ourselves: The Brain Likes It", *Time*, 8 de maio de 2012. http://healthland.time.com/2012/05/08/why-we-overshare-the-brain-likes-it/.

2. Diana I. Tamir e Jason P. Mitchell, "Disclosing Information About the Self Is Intrinsically Rewarding", *Proceedings of the National Academy of Sciences* 109 no. 21 (2012): 8038–43. http://www.pnas.org/content/109/21/8038.full.

Capítulo 16

1. Sharon Kim, Lynne Vincent e Jack Goncalo. "Outside Advan- tage: Can Social Rejection Fuel Creative Thought?", *Journal of Experimental Psychology: General*, 2012, http://digitalcommons.ilr.cornell.edu/cgi/viewcontent.cgi?article=1622&context=articles.

2. Jane Porter. "It's Not An Innovative Idea Until It Gets Rejected", Fast Company, 11 de março de 2014, https://www.fastcompany.com/3027464/its-not-an-innovative-idea-until-it-gets-rejected.

Índice

A
abertura, 145–147
afirmação disruptiva, 122
Alexander Graham Bell, 208
alinhados, 6
amígdala, 37, 68–69
amplificadores, 97–98
ansiedade, 64, 74
antecipado, 65
António Damásio, 34
apego, 64, 73
Apple, 207
À Procura da Felicidade, 208
atalho cognitivo, 74
atitude, 78
autenticidade, 116
autoconhecimento, 74
autocontrole, 76
autoestima, 78
aversão à rejeição, 87, 164

B
bagagem emocional, 40
Brene Brown, 9
buscadores, 97–98

C
CABIC, 97, 198
cale a boca, 20–22
canais de prospecção, 107
carga cognitiva, 148, 149
cavalos, 15–22
cerebelo, 38, 69

Índice

chamada fria, 85
ciclo de exposição, 100, 101
ciclo de vendas, xiv
cliente em potencial, 11
cliente potencial, 20–22
colisão emocional, 147
comportamento, 79
   comportamento humano, 15–22
   comportamento não complementar, 168
comprador, 11, 14, 20–22, 23–28, 98
   compradores, 97
confiança, 14
confirmação, 202
consciência, 61–64
   consciência da situação, 92
contágio emocional, 14, 15–22
controle
   emocional, 195
cortisol, 80
cota, 85
custos escondidos, 138

D

decisões
   decisão intencional, 144
   de compra, 26
   racionais, 34
deixas não verbais, 161
desespero, 64, 73
desilusão, 74
diálogo interno, 88
disciplina, 7
   disciplina emocional, 198
discurso de vendas, 153
dispensas, 109, 111, 117
dissonância cognitiva, 48, 89, 96, 182
DNA, 65
dopamina, 101–102
dor, 9, 58–60, 89

E

efeito
   da escassez percebida, 167
   de escassez, 148
   de investimento, 157
   de verdade ilusória, 44
eficácia, 132–133
eficiência, 132–133
emoções
   disruptivas, 33, 67, 115, 171
empatia, 175
energia mental, 80

engajamento, 95
escuta ativa, 101
estilo de comunicação, 161
estrutura
    estrutura de agenda de chamadas, 144–145
    estrutura para reverter objeções, 27–28
estudos, 64
expectativa, 149
exposição, 101–102

F
falácia dos custos afundados, 46
fala perfeita, 31
falsos positivos, 133
familiaridade, 124
fechamento, 23
FedEx, 207
frases de efeito, 32
Fred Smith, 207
fugir, 69–70

H
Harland Sanders, 207
Harry Potter, 207
heurística, 35
    heurística da prova social, 186

I
ilusão de frequência, 44
improviso, 113
impulsos emocionais, 142
influenciadores, 97
    influenciador de baixo nível, 156
informação sensorial, 35
insatisfação humana, 63–64
insegurança, 73
inteligência artificial, 10
interações de vendas, 14
investimento cognitivo, 110

J
janela de compra, 125, 171
Jia Jiang, 72–75
J.K. Rowling, 207
Joe De Sena, 88

K
Kentucky Fried Chicken, 207

L
ladainha de objeções, 23
lei universal da necessidade, 195
levantar informações, 200
lutar, 69–70

Índice

lutar ou fugir, 37–52, 72, 73, 82, 86

M
medo, 65, 73
   medo da rejeição, 59, 212
menos é mais, 48
mentalidade, 32–52
mentalidade vencedora, 78
mercado global, 42–52
microcompromissos, 25, 41–52, 94, 157–168, 199
minimizar, 181–187
mudança disruptiva, 42–52

N
necessidade de valorização, 73
neocórtex, 38–52, 116–126

O
objeções de prospecção, 115
objeções genuínas, 112–117
objetividade, 74
objetivos ocultos, 99
obrigação, 146
obstáculo emocional, 85
otimização, 128

P
PAIS, 142–143
partes interessadas, 11, 14, 16–22
pedido, 120
pedir, 5, 7–9, 11, 13, 14, 20–22, 25–28, 41–52, 54–60, 63–64, 66–70, 77, 80, 84, 88, 89, 92, 107, 120, 127, 158, 168, 193, 199
percebido, 65
percepção, 171
performance de pico, 129
perguntas indiretas, 96
persistência, 124
pistas falsas, 25, 137, 139, 140, 141, 143, 144, 150, 204
   red herring, 140
posição aberta, 14
postura, 79
   posturas de poder, 80
potenciais clientes, 21–22
preocupação, 74
probabilidade, 128
produtividade de vendas, 128, 131
propensão, 149
proporções, 131
prospeção, 13, 32

prospecção
    prospecção fanática, 195
prospectar, 8
prospecto, 14
prova social, 188

Q
QI, 67–70
qualificação, 157

R
RDOs de prospecção, 109, 115
reação lutar ou fugir, 68, 142
real, 65
reatância, 41, 49, 69, 84, 183
    reatância psicológica, 33
recomposição, 82, 83, 118
reflexo, 25
reforço intermitente, 32
rejeição, 9, 11, 20–22, 28, 55–60, 61–64, 65–70, 72, 77, 78, 85, 88, 89, 91, 105, 111, 112, 113, 118, 123, 124, 158, 205, 206, 207, 212
rejeições
    diretas, 161
    e objeções, 25
resiliência
    emocional, 87, 89

física, 80
resistência, 13, 22, 51–52
resposta
    automática, 118
    por reflexo, 109–111
respostas neurofisiológicas, 67
respostas por reflexo, 109
retirada, 191–192, 199
reversão, 24–28, 39–52, 90, 108, 115, 175, 191
reversão disruptiva perfeita, 120
rito de passagem, 53
ROI, 47–52
roteiro, 116
    de comprador, 110, 115, 142, 147
    de reversão, 121
    repetitivo, 115
    simples, 115
rotina de recuperação, 79
RRO, 25–28

S
Scott Halford, 77
Segunda Guerra Mundial, 86
ser imune a obstáculos, 90
sete emoções disruptivas, 72
Shaquem Griffin, 209–210
Shirley Wang, 15–22

Índice

significância, 69
sistema
   de crenças, 78
   límbico, 38
status quo, 188
Stephen King, 206
Steve Jobs, 207
Steve Wozniak, 207
sucesso, 11, 206
surpresa, 118

T

táticas de influência humana, 89
técnicas de negociação, 1
testosterona, 80
Thomas Edison, 209
tomador de decisão, 11
top of mind, 45
treinadores, 97
   treinadores de vendas, 32–52
Tylenol, 63–64

U

urgência, 50

V

valor
   de insight, 165

   emocional, 165
   tangível, 165
VENCER, 211, 212
venda, 11
vendedor, 10, 14, 23–28, 41–52, 196
viés
   da confirmação, 203
   da negatividade, 43
   de atribuição, 49
   de confirmação, 45, 49, 74, 99, 100, 131, 147
   de disponibilidade, 45
   de negatividade, 42–52, 140, 147
   de retrospecto, 49
   de segurança, 40, 41, 185
   do status quo, 37–46
   egocêntrico, 49
   vieses cognitivos, 37, 55
visualização, 77

X

Xerox, 208

Z

zona de conforto, 183

CONHEÇA OUTROS LIVROS DA ALTA BOOKS

Negócios - Nacionais - Comunicação - Guias de Viagem - Interesse Geral - Informática - Idiomas

Todas as imagens são meramente ilustrativas.

SEJA AUTOR DA ALTA BOOKS!

Envie a sua proposta para: autoria@altabooks.com.br

Visite também nosso site e nossas redes sociais para conhecer lançamentos e futuras publicações!
www.altabooks.com.br

/altabooks · /altabooks · /alta_books

ALTA BOOKS
EDITORA

Impressão e Acabamento | Gráfica Viena
www.graficaviena.com.br